大串夏身・金沢みどり【監修】

ライブラリー 図書館情報学・・・・・・・・・・・・・・・・・1

渡部幹雄【著】

生涯学習概論

学文社

まえがき

　本書は，司書や学芸員等社会教育施設の専門職を目指す人々が，大学で資格取得のために履修に必要な生涯学習科目のテキストに使用されることを想定して書かれたものであることを，まずお断りしたい。したがって，図書館司書や博物館学芸員等の施設職員からの目線となることもお許しいただきたい。なお，わが国における社会教育施設の最も量的に多い公民館にあっては図書館における司書や博物館における学芸員という専門的職務名や養成制度も明確なものがないが，図書館司書と博物館学芸員と同様に公民館職員の果たすべき役割を意識した内容であることも付け加えたい。

　「生涯学習」という言葉を聞いて，どんなイメージを抱くだろうか。多くの方々はテレビや新聞の広告で目にする資格取得のための学習と思うかもしれない。日々そうしたメディアにさらされれば当然のことと思う。しかし，発案者のポール・ラングランの提唱した概念とは明らかに異なる生涯学習像に大多数の人々は気がつかないのが現在の実態であるといえる。本来の生涯学習は日本国内で普及している現代社会の一般人が理解している実態よりは奥深く，多様であるといえる。小笠原喜康は，学校教育を「『校門をでない』知識・理解」と説明しているが，生涯学習を学校という組織で行われる学校内学習以外の校門の外の学習とすれば学ぶ期間も内容も膨大なものとなる。そうした中で行政や教育機関の果たす役割は2つに大別される。そのうちひとつは，学校教育による学校内に限定した諸条件整備の責務と同様に学校外学習（生涯学習）を展開させるための積極的，組織的な活動としての諸条件整備を計画的に実施することである。2つめは個人的な学習活動が円滑に展開できる社会全体の個々の真の学びに対する重要性の認識と豊かな学びにつながる水先案内としての有効な情報提供の役割である。

本書は生涯学習を担う重要な場，すなわち就学前や学校卒業後（放課後も含めて）の学びの拠点が社会教育施設であるという立場に立つとともに，社会教育施設が非日常的な施設ではなく日常的な施設として本来は活用されるべきだという視点でまとめたものである。こうした視点に立つことによって司書，学芸員等の社会教育施設職員の職務が明確となって本来の業務が円滑に遂行できることを願っている。対象が明確になれば内容や軸足もぶれないはずである。

2016年1月吉日

渡部　幹雄

目　次

　　まえがき　1

序　章　生涯学習の場としての図書館 ──────────── 7

　　第1節　学習を支援する図書館の役割　7
　　第2節　図書館来館へのステップ　9
　　第3節　図書館司書がなぜ生涯学習を学ぶのか　13

第1章　生涯学習・生涯教育論の展開と学習の実際 ──────── 16

　　第1節　生涯学習の起源と展開　16
　　第2節　生涯学習の意義　22
　　第3節　生涯学習の内容と方法　23
　　第4節　生涯学習施設における実際の「学び」　24

第2章　生涯学習社会における家庭教育・学校教育の役割と連携 ──── 33

　　第1節　生涯学習を進めるうえでの家庭教育の役割　33
　　第2節　生涯学習における学校教育の役割　34
　　第3節　家庭内における生涯学習施設への理解　35
　　　Column1　子どもの郷土資料の収集と提供　36

第3章　生涯学習振興策の立案と推進 ──────────── 41

　　第1節　生涯学習を推進する組織　41
　　第2節　生涯学習の推進の実際　46

第4章　教育の原理とわが国における社会教育の意義・発展・特質 ──── 55

　　第1節　教育の原理と社会教育　55
　　第2節　社会教育の発展　56
　　第3節　わが国の社会教育の特質　56

Column2　過疎地における生涯学習施設　58

第5章　社会教育行政の意義・役割と一般行政との連携 ─── 61

　　第1節　社会教育の意義と社会教育行政　61
　　第2節　社会教育行政と一般行政との連携　63

第6章　自治体の行財政制度と教育関連法規 ─── 66

　　第1節　自治体を支える諸法　66
　　第2節　生涯学習の推進に関する法律　70
　　第3節　教育関係法規　73

第7章　社会教育の内容・方法・形態 ─── 77

　　第1節　社会教育の内容・方法・形態の特質　77
　　第2節　学習情報の提供　78
　　第3節　社会教育における学習相談　80

第8章　生涯学習への支援と学習成果の評価と活用 ─── 82

　　第1節　学習支援の実態　82
　　第2節　学習成果の評価　83
　　第3節　学習を支援する施設の評価　84
　　第4節　学習成果の活用　94

第9章　社会教育施設・生涯学習関連施設の管理・運営と連携 ─── 97

　　第1節　生涯学習の拠点施設　97
　　第2節　公民館，図書館，博物館の現況　98
　　第3節　公民館の管理運営　99
　　第4節　図書館の管理運営　100
　　第5節　博物館の管理運営　105
　　第6節　その他社会教育関連施設　106
　　第7節　社会教育関連施設の連携　109
　　　Column3　MLK連携　110

第10章　社会教育指導者の役割 ──────────────── 112

　　第1節　社会教育指導者　112
　　第2節　社会教育関係の指導的職務　113
　　第3節　行政上での社会教育専門職の指導的事項　114
　　第4節　社会教育施設の職員としての役割　116

終　章　生涯学習の拠点施設としての図書館に向けて ──────── 118

　　第1節　生涯学習の拠点施設に向けての図書館の配置　118
　　第2節　生涯学習の拠点施設になるための図書館の位置づけ　120
　　第3節　生涯学習の拠点となるための図書館の"人"　121
　　第4節　生涯学習の拠点施設になるための図書館の"資料"　122
　　第5節　生涯学習の拠点施設となるための図書館の"施設"　124
　　第6節　MLAK連携と図書館　126
　　　Column4　通信教育と生涯学習施設としての図書館　127

資料 ─────────────────────────── 129

　　日本国憲法／教育基本法／社会教育法／図書館法／博物館法／
　　ユネスコ公共図書館宣言（1994年）／図書館の設置及び運営上の望ましい基準

　引用・参考文献　172
　索　引　173

初出一覧
Column 1 　大阪府立中央図書館『はらっぱ』編集委員会「子どもへの地域資料サービスを考える」平成 25 年 3 月 26 号『はらっぱ』26 号，pp.2-4
Column 2 　「地域を支える社会教育施設」『ニュース和歌山』第 4759 号，2013 年 10 月 5 日
Column 3 　「MLK 連携」『和歌山大学生涯学習ニュース No.35』和歌山大学地域連携・生涯学習センター，2011 年 2 月，p.1
Column 4 　『通信教育と生涯学習としての図書館』和歌山大学「教養の森」センター，2015 年 3 月 31 日，年報第 1 号，pp.49-50

序章
生涯学習の場としての図書館

❏ 本章の要点

　図書館サービスの全体を俯瞰すれば，利用者にどのような学習支援が個別に可能なのかという視点が求められているのが見えてくる。それは図書館界で電子情報化を迎える以前から言われてきた図書館員の基本的な仕事「図書館員は人を知り，資料を知り，資料と人を結ぶ」という視点にも符合する。

　どんなに図書館メディアが変化しようとも，この基本的なスタンスは変わらない。ここに未来につながる図書館員の役割があり，司書が生涯学習について学ぶ理由が存在する。

第1節　学習を支援する図書館の役割

　生涯学習と比較しやすいのは学校教育であるが，現在では学校教育はほとんどすべての人々が義務制学校によってその教育活動での学習の恩恵を受けている。では，生涯学習は公的な諸制度やすべての国民にゆきわたる事業展開が確立され，学校教育のようにすべての人々がその生涯学習に関する学習支援の行政サービスの恩恵を受けているといえるのであろうか？　その答えは残念ながら否といえる。これは数的な面からもその差が裏づけられている。2014年度の学校基本調査によれば，現在義務制小学校数は公立の20,558校を数え，公立の中学校数は9,707校となっている。明治時代の学制発布以来，システムが国の隅々までゆきわたっている。離島であろうが大都市であろうが生活圏域には学校区単位という基準で学校という教育機関が日本国中の津々浦々に存在する。その一方で，生涯学習施設は社会教育調査によれば，2011年10月1日

時点で公民館が15,399館，図書館が3,274館，博物館は1,262館となっている。公民館，図書館，博物館の3館を合計しても市町村が設置する義務制学校には数的に及ばない。また，学校教育制度は1872（明治5）年の学制発布以来の歴史を有するが，生涯学習施設が法的な裏付けを得るのは，公民館が1949年の社会教育法発布，図書館が1950年の図書館法の発布，博物館が1951年の博物館法の発布以降となる。これら社会教育施設の主要施設が始動したのは，同じ教育機関の学校が歩み始めて70数年後となる。戦後ようやく法律の後ろ盾を得た社会教育施設であるが，学校制度のように一斉に，悉皆的に全国の隅々まで浸透することはなかった。今日すでに戦後直後の社会教育施設の登場から70年を迎えようとしているが，同じく地方自治体の市町村が設置する義務制の学校の水準には数的にも質的にも到達していない。学校制度の普及速度と比較しても，生涯学習関連の整備状況は文字通り，世紀以上の遅れ感は否めない。そうした中ではあるが，文部科学省において生涯学習局が筆頭局に位置づけされたことも踏まえて，生涯学習にとっての戦略を各生涯学習関連の現場が具体的に提示する必要に迫られている。また，国の施策展開の序列でいけば個人の豊かさより生活課題解決が高いポジションを得たとも解釈ができる。2012年度の図書館司書・博物館学芸員の資格科目改訂でも明らかなように，単位数が増えるなど，生涯学習施設の質的な充実の期待が高まっているのも事実である。そうした中で，従来は図書館の主たる仕事は資料提供であって学習の支援の役割としての図書館像は描かれてはいなかったが，住民の学習を積極的に支援する役割が，図書館に期待されているのである。教える人と教えられる人という関係性の学校教育スタイルとは違った，学習支援の役割が求められているのである。

　1970年代に人口一人当たりの図書貸出冊数で10冊を超えて日本一の水準となって一躍有名となった北海道常呂郡置戸町立図書館では，その当時に「木と暮らしのコーナー」を館内の一角に設けて住民の学習支援に取り組んだ。この例を図書館における生涯学習を支援する具体的なイメージとしてあげることができる。北海道の道東の内陸部に位置する置戸町は木材の集積地であり，そ

うした事情から図書館が主産業の林業や木材加工等を中心とした木に関する深く，広がりのあるコレクションを形成した。これらが，地域課題解決につながるオケクラフトという木工品の誕生と林業の発展に対する図書館の学習支援でもあった。

　図書館法第3条の「土地の事情と一般公衆の希望に沿い」という文言は，正しく地域課題を深く認識して地域の課題解決に向けた図書館活動を示すものである。全国画一的に，一律の資料収集を行うだけのものでもなければ，単なる郷土資料・地域資料を収集してコーナーを形成するだけにとどまるものでもない。地域を深く洞察したうえでの資料収集活動が前提になる。そのような活動は，資料提供という一般に流通している従来の図書館活動のイメージから大きく異なる。積極的な資料収集のイメージでありきめ細かな対応が図書館側に求められる。そうした中から，地域の課題解決に向けた個々の学習活動への図書館の役割が見えてくる。地域課題から要求される資料や潜在的な学習要求につながる資料群の形成に日々取り組むことが図書館に求められている。地方創生時代という追い風の中で個々の学習課題や地域の課題解決に向けて取り組む姿勢が，地域の信頼を勝ち取り，生涯学習の拠点施設に成り得るかどうかの重要なポイントでもある。自発的に学習するうえで，自分や地域の個別課題の解決に役立つ多様な資料群を保有し，しかも保有しない資料も図書館間相互協力システムに拠って日本中の図書館網まで利用可能な図書館は生涯学習を実現するのに欠かせない施設であることを多くの人々が認識するかが鍵でもある。あらゆるジャンルの資料を図書館サービス網によって入手することができる図書館は，個々人ごとの問題関心に対応できる他の施設にない特長を有す生涯学習施設であるといってよいのである。

第2節　図書館来館へのステップ

　図書館が真に生涯学習の施設拠点となるためには，さまざまな課題を克服する必要がある。図書館の利用は利用者の自由な意思に委ねられており，どんな

図書館であろうと魅力を感じなければ利用者は図書館には足を運ばない。生涯学習の拠点施設としての図書館を学校教育並みの水準に整備するためには，第一に図書館システムが機能するように，図書館の整備計画を日常的に使用可能な状態に計画配置することが必要である。第二には図書館を気軽に利用できる環境整備が必要である。それぞれが実現するための課題を整理しよう。

　第一に，日常的に使える存在となっているか。

　図書館を使いたくても，日常生活圏内に図書館がなければ利用者には非日常施設になって，利用が遠のくのは当然のことである。1963年に刊行された『中小都市における公共図書館の運営』(以下中小レポートと記す) は，多くの図書館未設置自治体への図書館設置を促す働きをした。しかしながら，大都市近郊の都市のように人口密度の高い地域には図書館は浸透したが，人口密度の低い都市や農山漁村，離島地域には必ずしも身近な存在に成り得なかった。とりわけ中小レポートが想定した5万人〜20万人の都市地域以外では，図書館振興の動きは半世紀以上の歳月を経ても大きな潮流になっていない。そうした地域に見合った図書館施策が待たれるところである。せめて離島地域にも日常的な生活圏域の学校区単位に，図書館網の存在が見える水準になることが望まれる。

　第二に，図書館が身近にあってもすべての人が気軽に出入りできるか。

　身近な図書館が気軽に使えるためには，① 蔵書内容 (図書館資料の充実度)，② 開館日・開館時間，③ 館員のホスピタリティー，④ バリアフリー，⑤ プライバシー等々の要件がある。そうした観点から利用の阻害要因となっているものがあるかをチェックすることが，利用者の足を図書館に向けさせる重要な点といえる。

1　蔵書内容

　まずは資料について考えてみたい。資料の充実度が利用を左右するのは当然のことである。店舗の経営も，食堂の経営も同じであるが，流行る店，流行らない店にはそれなりの理由がある。店舗であれば品揃え，食堂であれば味は経営を左右する。すべての人々の利用を想定するならば，すべての人 (赤ちゃん

から高齢者まで）に質量（蔵書構成と蔵書数）ともに満足して貰えるかが一番の鍵である。いわばすべてのジャンルの学びをつないでいく糸口となるような資料に出会える資料群が形成されているかどうかでもある。1995年に策定された大分県の図書館振興策における基準値は，図書館が利用されるために必要な最低限としての数値が示されたものである。それによれば床面積が最低でも800㎡とされ，従来のさまざまな数的基準に比して高い内容ではあるが，これは図書館が生涯学習施設として機能するかどうかのひとつの目安として参考となる規模を示したものである。この基準は，図書館サービスの捉え方により「ハードルが高い」と受け取られるおそれも否定できないが，現実には自治体規模が小さくても，この基準を超えている自治体も数多く存在する。小規模の自治体の基準は大都市や中都市の分館の水準に置き換えると，それぞれの建物・蔵書・職員の必要とする規模のイメージをもつことができる。こうした水準の図書館は，地域の信頼を勝ち得て逆に気軽に足を運びやすい環境になる。夜間も含めて24時間開館の図書館が意外にも利用率は高くないことからも，図書館の3要素といわれる建物・本・人（司書）の真の充実こそが気軽な図書館への近道である。

2　開館日・開館時間

　開館日・開館時間に関しては，地域の日常的な生活時間に沿った設定になっているかどうかが問題である。近年は図書館の利便性を強調するあまり，あるいは図書の出納のみが図書館サービスであるという誤解もあいまって，専門的なサービスより開館日・開館時間の延長を優先する傾向がある。本来の図書館は，司書の力量が発揮されて利用者に向き合った丁寧な資料提供や，一人ひとりに合った学習課題，さらには潜在的な要求も含めた利用者の求めに向き合ったサービスが提供されるべきである。2012年12月に開館した滋賀県の愛知川図書館では専門的なサービスに重点を置き，交代勤務の発想を排除し，全員で保持する最高のサービスを提供することをサービスの基本的な考えとした。そこで，水曜日から日曜日の開館，休館日は月曜日・火曜日，さらには職員の

勤務時間は役場の勤務時間の1時間遅れの9時30分から18時15分の設定とし，開館時間は10時から18時という設定となった。逆に図書館を本の貸し出し倉庫と位置づければ，これは図書館サービスをどのように捉えるかという根本的な問題も内包する。機械と管理する単純労務の番人と流通システムがあれば，効率的な運営は可能である。

3　ホスピタリティー

　館員のホスピタリティーも重要な要素である。図書館勤務を目指す学生や資格取得を目指す人々は，資料の専門知識の習得には熱心だが，ホスピタリティーを獲得する機会には乏しい傾向がある。しかし，図書館運営の重点に個々の生涯学習支援をおく場合，機械的な職務やコミュニケーション能力不足はなじまない。多くの司書希望者の志望動機は，本が好きだからという理由が上位を占める。もちろん本が好きであることは大前提ではあるが，それだけでは図書館を生涯学習の拠点とすることを目指し，人と資料の橋渡しをする図書館の司書としては失格である。

　今日求められるのは，本が好きで，かつ人が好きで，本と人を結ぶことが好きなホスピタリティーに満ち溢れた司書のサービスである。そのホスピタリティーが，図書館での気軽な空間の雰囲気を醸し出すのである。多様で複雑な個別に対応するサービスは，決して機械に入り込む隙を与えない。

4　バリアフリー

　施設のバリアフリー化は，より多くの人々の図書館の来訪を促進する。

　図書館の建物は，資料，人にならぶ3要素のひとつであり，住民の利用を導く重要な要素である。利用を促進する機能性が，建物設計に反映されているかが重要なポイントである。一昔前まではともすれば建造物やモニュメントのデザインの優劣をもって，為政者の功績が語られることがあった。だが近年は，利用が高まる機能性に力点が移り始めている。本の倉庫から脱却し，本来の図書館の働きを踏まえ，すべての利用者を意識した設計へと進んでいることの表

れである。それを実現するのには，バリアフリー化に対応することが大前提である。一昔前は図書館入口へは階段を上がる構造も多く見られたが，最近では文字通り段差をなくしたフラットな床面となっている。高齢者や障がい者の人々も利用しやすい建物であれば，すべての人々を受け入れる施設となるのである。もっといえばバリアは物理的な環境に留まらないのである。日本語を母語としない外国人住民とっては言語という壁があり，利用に届かないとなれば当然多文化サービスによる対応も必要である。あらゆるバリアを意識し改善に向けた取り組みが必要なのである。

5　プライバシーの保護

　プライバシーの保護に配慮することで気軽な施設となる。

　いつ誰が図書館を使おうと，利用記録も残されないというプライバシー保護が保たれれば日常的な施設と成り得る。利用者は個人的な理由から利用するのであって，公園の利用とまったく同列で，好きな時に好きなスタイルで気軽に利用できるのである。半世紀前までは利用証の発行や諸手続きを必要としており，自由に利用できる状態ではなく，資料の利用記録も保管される場合があるなど，プライバシー保護の観点が欠落していて，気軽に利用される雰囲気ではない状態であった。貸出方式において，利用者のプライバシーの保護の観点が不完全だったニューアーク式から，プライバシー保護を配慮したブラウン式の貸出方式に改めたことによる利用者の増加の例からも，利用者増とプライバシー保護の関連性は非常に密接である。

　国が，図書館の価値を生涯学習の最重要施設という観点から位置づけ，学校並みの計画配置と水準の確保の両面に取り組んでいくことが一層重要である。

第3節　図書館司書がなぜ生涯学習を学ぶのか

　1980年代の後半以降日本の公共図書館での電算化が進み，図書館での目録作成業務が激変した。それまでは図書館の主要業務として位置づけられていた

作業が，マーク（MARC：MAchine Readable Cataloging）導入で様相が一変した。この電算化による図書館の業務内容の変化は，同時に機械的な対応のサービスへと導いた側面も否定できない。その変革期の図書館の当時の現場の空気としては，目録作成業務から資料的価値の追求や図書館システムの構築へと，司書の専門性の領域をより細分化し限定していく流れであった。

　しかし，そのことはのちに，職務の一部のアウトソーシング化と密接につながっていった。現在では一部のみならず業務全体のアウトソーシグまでにも広がる事態に至っている。生涯学習の見地から図書館をとらえなおすことは，こうした状況への対抗策にもなる。細分化した業務のミクロ的視野からは全体を鳥瞰した学習支援は見えにくい。図書館サービスの全体を俯瞰し，どのような支援が個別に可能なのかという視点が求められているのである。それは図書館界で電子情報化を迎える以前からいわれてきた，図書館員の基本的な仕事「図書館員は人を知り，資料を知り，資料と人を結ぶ」という視点にも符合するのである。

　どんなに図書館メディアが変化しようとも，この基本的なスタンスは変わらないのである。ここに未来に繋がる図書館員の役割があり，生涯学習を学ぶ理由が存在するのである。博物館学芸員も図書館司書も，自らの専門性として資料の探求に力点を置いている現況では学習支援を目指した生涯学習には到達しない。資料的価値を深く探究した成果をもって状況や水準の違う利用者の多様性にどのように向き合うか，向き合えるかが真の専門職の姿である。資料の探究だけであれば研究機関で間に合うし，保存だけであれば倉庫で間に合うことになる。諸々の資料的価値を探究したうえで，どのようにプロデュースするかを司書や生涯学習の関連施設の専門性として意識することが求められている。これらが意識されれば，細部化したミクロの代替可能な専門的職務を超えた大きな力になり得るのである。さらに図書館の場合，自館資料にとどまらず相互貸借機能を駆使すれば巨大な知識の集積の提供を後ろ盾として，すべての学習課題の糸口を支援者に提供可能な優位な立場になり得る。そのようなことから図書館は文字通り生涯学習を支援するのに最適な機関であり，その職務は極め

て重要である。電子情報化を迎えて図書館不要論も存在するが，図書館の多様なメディアを考慮すれば，今後ますます発展の可能性を秘めている。その力と利用者の力を引き出す職務である司書の役割は大きいこと，そして新しい時代の図書館員としての専門性もまた今正しく問われているのである。

考えてみよう・調べてみよう
1. 身近な図書館における利用拡大の工夫の実態を調べてみよう。
2. 身近な図書館の所蔵する資料の内容を調べてみよう。

読書案内
田村俊作・小川俊彦編『公共図書館の論点整理』勁草書房，2008年
小松光一編『エコミュージアム』家の光協会，1999年
浜口哲一『放課後博物館へようこそ』地人書館，2000年
市橋芳則『新装版　昭和路地裏大博覧会』河出書房新社，2012年
日本社会教育学会編『ローカルな知の可能性』東洋館出版社，2008年
澤田正春『山あいの図書館と地域のくらし』日本図書館協会，1992年

第1章
生涯学習・生涯教育論の展開と学習の実際

❏ **本章の要点**

　生涯学習という呼称の起源は，1965年に開かれたユネスコの成人教育推進国際会議に遡り，それまでの学校中心型の教育ではない学校以外でも「いつ」でも「どこ」でも「だれ」も学ぶことの重要性が説かれた。時代に対応して生き抜くための「学び」を考えたあらゆる機会の提供，いわゆる脱学校型の学びの概念が示されたということである。わが国でも，時代の後押しもあって教育施策の中で生涯学習が中核的な位置を担うよう漸次進展している。

第1節　生涯学習の起源と展開

1　生涯学習概念の登場

　まず，生涯学習・生涯教育についての考え方の起源を説明すると，生涯教育 (lifelong integrated education) という言葉が表舞台に登場するのは1965年のユネスコの成人教育推進国際委員会に遡る。このユネスコ，正式には国際連合教育科学文化機関 (United Nationals Education, Scientific and Cultural Organization) へのわが国の加盟は1951年である。そのユネスコの成人教育推進国際会議が1965年に開催され，当時，ユネスコ成人教育部長を務めていたポール・ラングラン (Lengrand, P.) が「生涯教育」という理念を提唱した。ラングランは「教育は児童期・青年期で停止するものではない。それは人間が生きているかぎり続けられるべきである」。また，「新しい教育概念は，人間が自己教育・自己教授，自己発展の欲求をもつばあい，いつでも，またどこでも生ずるであろうところ

の要求を適当に考慮したものでなくてはならないだろう。」と述べた。これは，それ以前の学校中心の教育観とは意味合いの違う時間と空間を超えた新しい教育観でもあった。その後この新しい教育観は世界的に注目されて各国で展開していく。

　生涯教育は生産性の向上や従属の強化のための側面もあるが，1985年にユネスコの第4回国際成人教育会議（パリ）で採択された「学習権宣言」では，
　　読み書きを学ぶ権利
　　質問し，分析する権利
　　想像し，創造する権利
　　自分自身の世界を読み取り，歴史を書く権利
　　教育の機会に接する権利
　　個人的・集団的技術をのばす権利
が列挙され，これらの権利が重要であることが確認された。学ぶことは人間に与えられた当然の権利であり，すなわち「学習することは人間として生きること」となることを示した。第三者から強制されるのではなく，自らが人間らしく生き抜くための学習を自ら選択し，探し求めることのできる権利でもある。

　1997年の第5回国際成人教育会議は「成人学習に関するハンブルク宣言」を採択した。その内容の主なものとして「成人の学習は主体性をつくり，人生に意味を与えることができる」という点も確認された。

　要は学びたいことを自らが選択し，生涯にわたって主体的に人間らしく生き抜くために学び続けることの重要性を世界が注目した点が重要である。外から与えられたものでなく，自らの判断で自らの学習課題を選び学んでいくというスタイルである。

2　わが国における生涯学習の展開

　生涯学習（生涯教育）は，国際的にも認知される中で，わが国でも社会教育審議会，中央教育審議会や臨時教育審議会等々の答申に色濃く反映されている。1971（昭和46）年の社会教育審議会の答申「急激な社会構造の変化に対処する

社会教育のあり方について」以降，漸次わが国の教育施策の中核となっていく。それは，もちろん高度経済成長期の真只中における社会的な背景が後押ししたことでもあった。それ以後も時代を投影した答申内容となる。

　以下は，わが国における生涯学習関連の各審議会の答申と，その内容の主な経過である（文部科学省のホームページより）。

資料1.1　過去の答申における生涯学習の概念等に関する主な記述 [1]

○「急激な社会構造の変化に対処する社会教育のあり方について」社会教育審議会答申（昭和46年4月30日）

（生涯教育）
「生涯教育の必要は，現代のごとく変動の激しい社会では，いかに高度な学校教育を受けた人であっても，次々に新しく出現する知識や技術を生涯学習しなくてはならないという事実から，直接には意識されたのであるが，生涯教育という考え方はこのように生涯にわたる学習の継続を要求するだけでなく，家庭教育，学校教育，社会教育の三者を有機的に統合することを要求している。」

（社会教育）
「今後の社会教育は，国民の生活のあらゆる機会と場所において行われる各種の学習を教育的に高める活動を総称するものとして，広くとらえるべきである。

　　（中略）

　しかし，社会教育の範囲を広くとらえるといっても，いっさいの学習活動が，即社会教育であるということではない。社会教育の概念には，ひとびとの学習意欲や学習活動とそれらを教育的に高めようとする作用との相互関係が内在することを忘れてはならない。」

○「教育・文化専門委員会中間報告」経済審議会人的開発研究委員会教育・文化専門委員会（昭和47年5月）

（生涯教育）
「しかし，やや積極的に一応の定義づけを与えると，人が全人的に発達するために生涯の各時期に必要な学習を適時に経験できるように教育の全体系を再編成しようとする意図ないし考え方である，とでもいえようか。それは現在およびこれからの社会・経済現象に対応する教育のあり方をさししめするに役立つ考え方と思われる。」

（生涯教育論の考え方）
「以上のような社会・経済的背景をもって生涯教育論が登場したわけであるが，その考え方をまとめると，二つの次元での教育の統合（integration）ということが考えられる。ここで統合とは，概念として総合的，統一的に把握されなければならないという位の意味である。

生涯教育は英語で言うと"lifelong integrated education"といわれる。生涯にわたる教育という意味だけであれば単に"lifelong"だけでいいのであるが，ことさらに"integrated"が付け加えられているのは単に教育が生涯にわたって行われなければならないという時間的な長さを意味するだけではなく，それが全体として統合したものとしてとらえられなければならないという合意がある。

しかも，それは人の生涯を通じてという時系列的な（垂直的）統合だけでなく，社会のあらゆる生活領域という横の広がり（水平的）においても統合したものとして把握されなければならないという意味を含んでいる。すなわち垂直的次元では，従来のように学校だけが教育の場であるというのではなく，人生の各時期の必要に応じて教育の機会が用意されなければならないということであり，また水平的次元においても，学校だけが教育の場ではなく，職場や家庭あるいは地域社会等のあらゆる社会的局面に教育の機能があるのであり，それらがまた統一的に把握され準備されなければならないということである。」

○「生涯教育について」中央教育審議会答申（昭和56年6月11日）

（生涯学習）

「今日，変化の激しい社会にあって，人々は，自己の充実・啓発や生活の向上のため，適切かつ豊かな学習の機会を求めている。これらの学習は，各人が自発的意思に基づいて行うことを基本とするものであり，必要に応じ，自己に適した手段・方法は，これを自ら選んで，生涯を通じて行うものである。この意味では，これを生涯学習と呼ぶのがふさわしい。」

（生涯教育）

「この生涯学習のために，自ら学習する意欲と能力を養い，社会の様々な教育機能を相互の関連性を考慮しつつ総合的に整備・充実しようとするのが生涯教育の考え方である。言い換えれば，生涯教育とは，国民の一人一人が充実した人生を送ることを目指して生涯にわたって行う学習を助けるために，教育制度全体がその上に打ち立てられるべき基本的な理念である。」

○臨時教育審議会第1次～第4次答申（昭和60～62年）

（生涯学習体系への移行）

「生涯を通ずる学習の機会が用意されている『生涯学習社会』，個性的で多様な生き方が尊重される『働きつつ学ぶ社会』を建設することが重要である。」「生涯学習社会においては，学習自体の喜びが味わえるとともに，どこで学んでも，いつ学んでも，個人が取得，体得した資格，学習歴，専門的技能などの成果が適切に評価されることが必要であるが，現在，本来多面的であるべき人間の評価が人生の初期に獲得した形式的な学歴に偏って行われている風潮がある。」

「教育改革に関する第一次答申」（昭和60年6月26日）

「我が国が今後，活力を維持し発展していくためには，（略）学校中心の考え方から脱却しなければならない。

このためには，第一に，第一次答申で指摘した企業，官公庁における採用人事などの改善とともに，人間の評価が形式的な学歴に偏っている状況を改め，どこで学んでも，いつ学んでも，学習の成果が適切に評価され，多面的に人間が評価されるように人々の意識を社会的に形成していくことである。それとともに，人生の初期に希望する学歴や職業的地位を得ることができなかった人々に対し，その後の人生のなかで，希望する職業的地位などを獲得できるチャンスが，学校や社会の様々な分野に組み込まれているような教育や社会のシステムをつくることである。」

「教育改革に関する第二次答申」（昭和61年4月23日）

「これからの学習は，学校教育の基盤の上に，各人の能力と自発的な意思により，必要に応じ，自らの責任において手段・方法を選択し，生涯を通じて行われるべきものである。こうした学習を通して創造性や個性が生かせるようにするとともに，いつでもどこでも学べ，その成果が適正に評価され，社会で生かせるようなシステムにする必要がある。」

「教育改革に関する第三次答申」（昭和62年4月1日）

○「生涯学習の基盤整備について」中央教育審議会答申（平成2年1月30日）

（生涯学習）
「以上のような生涯学習の考え方及び現状を踏まえると，今後生涯学習を推進するに当たり特に次の点に留意する必要があろう。
①生涯学習は，生活の向上，職業上の能力の向上や，自己の充実を目指し，各人が自発的意思に基づいて行うことを基本とするものであること。
②生涯学習は，必要に応じ，可能な限り自己に適した手段及び方法を自ら選びながら生涯を通じて行うものであること。
③生涯学習は，学校や社会の中で意図的，組織的な学習活動として行われるだけでなく，人々のスポーツ活動，文化活動，趣味，レクリエーション活動，ボランティア活動などの中でも行われるものであること。」

○「新しい時代に対応する教育の諸制度の改革について」中央教育審議会答申（平成3年4月19日）

（生涯学習社会）
「これからは，学校教育が抱えている問題点を解決するためにも，社会のさまざまな教育・学習システムが相互に連携を強化して，生涯のいつでも自由に学習機会を選択して学ぶことができ，その成果を評価するような生涯学習社会を築いていくことが望まれるのである。」

○「今後の社会の動向に対応した生涯学習の振興方策について」生涯学習審議会答申（平成4年7月29日）

（生涯学習社会）

「生涯学習についてのこれまでの考え方を踏まえつつ，本審議会としては，基本的な考え方として，今後人々が，生涯のいつでも自由に学習機会を選択して学ぶことができ，その成果が社会において適切に評価されるような生涯学習社会を築いていくことを目指すべきであると考える。」

(生涯学習)

「生涯学習は，人々が，自発的意思に基づいて生涯にわたって行うことを基本とするもので，意図的・組織的な学習活動として行われるだけでなく，人々の様々な活動の中でも行われるものであり，幅広い範囲にわたっている。」

○「地域における生涯学習機会の充実方策について」生涯学習審議会答申（平成8年4月24日）
※引用ではなく答申独自に生涯学習・生涯学習社会等の定義を述べている部分はない

○「社会の変化に対応した今後の社会教育行政の在り方について」生涯学習審議会答申（平成10年9月17日）

(生涯学習活動・社会教育活動)

「生涯学習活動は，広範な領域において行われており，社会教育活動の中で行われるものに限定されるものではないが，社会教育活動は，幼児期から高齢期までの生涯にわたり行われる体育，レクリエーションまでをも含む幅広い活動であり，社会教育活動の中で行われる学習活動が生涯学習活動の中心的な位置を占めるといえる。
　このような観点から，社会教育行政は，生涯学習社会の構築を目指して，その中核的な役割を果たしていかなければならない。」

○「学習の成果を幅広く生かすー生涯学習の成果を生かすための方策についてー」生涯学習審議会答申（平成11年6月9日）

(生涯学習・生涯学習社会)

「誰もが，社会の中で生き生きと自分を生かすことができるようにするためには，いつでもどこでも学ぶことができ，その成果を生かすことができるような社会でなければならない。（略）
　やる気で学んで，力をつけて，そしてチャレンジできる。明るく楽しく学んで，元気に社会の中で自己実現を図っていくこと，それが生涯学習である。そうしたことが可能となるように，学校や社会の学習・教育に係るシステムを変えていこうとするのが生涯学習の理念なのである。」

(生涯学習社会)

「我が国は，生涯のいつでも自由に学習機会を選択して学ぶことができ，その成果が社会で適切に評価されるような生涯学習社会の実現を目指しているが，これからはさらにその学習成果が様々な形で活用でき，生涯学習による生きがい追及が創造性豊かな社会の実現に結びつくようにしていかなければならない。」

○「新しい情報通信技術を活用した生涯学習の推進方策について－情報化で広がる生涯学習の展望－」生涯学習審議会答申（平成12年11月28日）

（生涯学習社会）
「21世紀の我が国社会においては，その発展を支える国民一人一人の能力を生涯にわたり最大限発揮できるようにするために，人々が生涯のいつでも，どこでも，誰でも自由に学習機会を選択して学ぶことができ，その成果が適切に評価されるような生涯学習社会を構築することが一層重要となります。」

○「新しい時代にふさわしい教育基本法と教育振興基本計画の在り方について」中央教育審議会答申（平成15年3月20日）

（生涯学習社会）
「時代や社会が大きく変化していく中で，国民の誰もが生涯のいつでも，どこでも，自由に学習機会を選択して学ぶことができ，その成果が適切に評価されるような社会を実現することが重要であり，このことを踏まえて生涯学習の理念を明確にする。」

○「今後の生涯学習の振興方策について（審議経過の報告）」中央教育審議会生涯学習分科会報告（平成16年3月29日）

（生涯学習社会）
「我々は，『人々が，生涯のいつでも，自由に学習機会を選択して学ぶことができ，その成果が適切に評価される』ような『生涯学習社会』の実現を目指すということを共通認識とし，生涯学習が，学校教育，家庭教育，社会教育など人の生涯を通じた幅広い学習機会の場で行われるものであることを確認した。
　そのような生涯学習社会は，教育・学習に対する個人の需要と社会の要請のバランスを保ち，人間的価値の追求と職業的知識・技術の習得の調和を図りながら，これまでの優れた知識，技術や知恵を継承して，それを生かした新たな創造により，絶えざる発展を目指す社会である。」

第2節　生涯学習の意義

　生まれてから亡くなるまでの人の一生の間に関わる学びを生涯学習ということができる。人一人の人生のすべての学びの中で，学校教育の比重は大きいことも事実である。むしろ「学び」といえばすなわち学校（あるいは学校教育スタイル）とイメージされるのも否定できない。大多数の人々には，与えられる学びが唯一の学びという固定観念が定着していることが考えられる。しかし，こ

の学校外の学びを意識しない限り生涯学習は浮び上がってこない。

　学校外の学習に着目すると，社会の中のさまざまな学習活動の存在に気がつく。人が生まれて自ら生きるための日々の身体の動き，さらには言葉を獲得することから始まり，意思の伝達手段の獲得など，学校に入学する前の未就学の時期は主に家庭の中での教育環境に支配される。家庭や保育所等での環境の違いも個々には相違あるが，その後は読み書きの舞台は学校へと移る。多くの人々は教育活動の場として学校に意識の中心が移る。しかしながら，学校外にも教育活動の意義のあることが認識されることが重要であり，問題は学校を修了（一日の学校の授業の終了も同様としてとらえられる）しても「学び」という行為を継続していくという視点があるか否かなのである。末本誠がこのように述べている，「生涯学習論を含めた新しい用語群に共通する関心事は，学校だけが唯一の教育の場ではないということや，子どもや若者だけが唯一の学習者ではないということである。ここには，次の２つの問題点が含まれている。一つは社会には学校以外にも，教育や学習が行われている場所が多様に存在し，さまざまな教育的実践が展開されている点である。もう一つはその結果，主要な学習者として成人が学ぶことに対する関心が高まっている点である」[2]。このように考えると，従来の学習イコール学校型の学びのスタイルのイメージからの脱却が生涯学習の第一歩となる。

第3節　生涯学習の内容と方法

　個人個人が求める学校外の学習の種類，内容は多岐にわたっており，星の数ほど存在するといっても過言ではない。それにどのように国，自治体が住民の要求に対応した生涯学習を促進するための条件整備をするかが鍵ということになる。そうした中で，図書館，博物館，公民館等の社会教育施設の条件整備が必要となる。ここで重要なのは学校外学習のイメージの確立である。一定期間に一定の対象に対して行われる定型的な学校教育のようなスタイルで学校外学習に対応することは不可能に近く，現実的ではない。学校外学習は，学校内学

習とは全く別の手法と認識した方が理解しやすい。いわゆる教室に集めて教授するスタイルではない脱教室型の学びが、社会教育施設の中の図書館や博物館における学習活動の主要な部分であるとする方が理解しやすい。同じ教室型のように見える公民館等の講座や教室の学びは、教える・教えられる関係性が中心ではなく、学校とは似て非なるものなのである。大きく区分すれば、学校型の学習が集団への援助、支援であり、学校外型学習は個人の学習に対する援助、支援ともいえる。ただし、社会教育は集団への学習支援ではあるが学校外学習である。厳密には区分に当てはまらない部分があったとしても、大きくは学校の集団教室型学習か学校外の個人型学習（一部集団支援）の2つに大別されると考えるべきである。社会教育施設の中でも図書館と博物館の場合においては、学校外学習の個人に対する学習支援、学習援助と他とを棲み分けして軸足を明確にすることが可能である。また、そのことの方が存在を強調できる点でもある。

第4節　生涯学習施設における実際の「学び」

1　各施設での「学び」の特徴

　社会教育施設の利用者の学びのイメージとしては、公民館では年齢別に対象区分した学校型に近い高齢者のための「高齢者大学」「寿教室」といった講座スタイルを多くの人々が思い浮かべることが予測できるし、図書館や博物館にあっては図書の貸し出しや展示の閲覧が大部分の人々の利用イメージである。一般的には公民館は人からの「学び」であり、博物館は一次資料（物）からの「学び」であり、図書館は二次資料（本）からの「学び」が中心である。これらは消極的な利用であるが、同じ公民館や図書館、さらには博物館であっても一過性の利用でない深い学びも散見される。

2　図書館での「学び」

　図書館の「学び」は一人ひとりが、図書館に所蔵する図書館資料を閲覧する

利用形態が一般的である。しかしながら、それら以外の図書館利用で一過性の利用から継続的な利用、さらには深い利用につながる事例もある。そうした例として、福岡県の田川市立図書館での事例を『炭坑の語り部　山本作兵衛の世界』(田川市石炭博物館資料館・田川市美術館) の一節からみてみよう。

　「―昭和三七年二月、田川市立図書館館長の永末十四雄が、長尾達生との縁で作兵衛と知り合い、永末は作兵衛ノートと作兵衛画の持つ資料的価値に目をつけ、自ら作兵衛ノートの筆写にかかわる一方、田川郷土研究会が昭和三九年六月から始めた『炭坑資料を集める運動』への協力を求め、これに快く応じた作兵衛は同年十一月から二十三枚のスケッチブック (縦二十五.五センチ、横三十五.五センチ) に水彩画でヤマの子どもの絵を描いて市立図書館に寄贈した。

　永末は作兵衛の好意を受け、改めて炭坑資料としての記録画の制作を依頼し、墨江に描かれていた三〇〇余枚のモチーフをベースに、さらに資料価値を高めるため、彩色を施すことを懇願して、大型ケント紙 (縦三十八センチ、横五十四センチ) と普通の水彩絵具より保存度の高い岩絵具を提供した。

　以後、作兵衛は思いを新たに彩色の炭鉱記録画を二日に一枚のペースで描き始め、昭和四十一年 (一九六六) 年末までに二百六十枚余を図書館に寄贈した。作兵衛七十四歳のときのことである。墨絵の素朴な中の力強い筆さばきに比べ、色を与えたことによって繊細かつ緻密さが生まれていた。

中略

　現在、五八四点 (墨絵原画三〇六点、水彩画二七八点) が、炭鉱社会のあらゆる分野が具体的に描かれた貴重な歴史民俗資料として、平成八年七月三日付けで福岡県の有形民俗文化財に指定されている。―」[3]

その後、作兵衛の作品は昭和40年田川市立図書館で初個展として展示され、作品が収録された作品集『王国と闇　山本作兵衛炭坑画集』1981 (昭和56) 年が葦書房から出版された。作兵衛は、1984 (昭和59) 年12月老衰のため92歳で逝去する。死後6年後の平成2年には作品が海を渡り、ドイツ鉱山博物館の

企画展で展示される。その後各地の美術館や博物館，図書館で展示され高い評価を受け 2011 年にはユネスコの世界記憶遺産に登録されるに至った。

　山本作兵衛が描いた資料は県の文化財に指定されただけでなく，出版化され全国的にも評価されて 2011 年には山本作兵衛の作品がユネスコの世界記憶遺産となる。ここで注目したいのは山本の個人的な作品制作ともいえる学習行為に図書館が介在している点である。図書館の本来的な機能である資料と人を結ぶ役割を充分に果たして，地域的な事情を踏まえて地域の文化創造に重要な役割を果たしている点である。山本作兵衛の優れた才能はもちろんであるが，それを見出しさらに潜在的な能力を引き出した図書館長の姿勢が作品の誕生に影響を与えた。さらにいえば退職後に本格的に自らの学習課題を見出して自己実現が図れたという意味でも学校外学習の成果，つまり生涯学習の有り様を見事に示した好例でもある。山本作兵衛個人の生涯学習であり，図書館員の利用者に対する学習支援活動の有り様を示す好例でもある。

　図書館にあっては 1990 年代以降コンピュータの図書館貸出業務への普及の本格化により，図書館サービスの業務に大きな変化がもたらされて，情報検索，資料管理に大きな威力を発揮している。それまでは，図書館の仕事の主要部分が図書や各資料の手作業による目録作りであったのが，コンピュータの普及によって様相が一変したのである。その一方で，個別の対応というよりは効率的なマニュアルに基づいた対応が顕著となった。それは図書館資料の平準化を招き，結果的には図書館法第 3 条に規定されている「土地の事情」に沿った図書館とは逆の展開を招いている。

　図書館が平準化されれば，当然に地域との関係が薄れていく。それでは図書館が地域に必要不可欠な施設として意識されなくなるのは自明のことである。図書館業務の機械化による効率化や平準化だけが強調されると，生涯学習を支援する本来の図書館の機能を制限する結果となる。そうした意味でも，永末十四雄の実践は図書館員の役割として高く評価される。

　菅谷明子は『未来を作る図書館』（岩波新書，2003 年）で図書館を「名もない市民が夢を実現する孵化器」とその意義をよんだが，永末十四雄の実践は，地

域にあっては図書館が住民のシンクタンク機能や地域住民の発展装置としての機能の側面も見事に示したものでもある。

3　博物館の「学び」

　博物館にあっても一過性でない継続的な学習活動がより生涯学習の場として相応しいが，そうした博物館のひとつである神奈川県平塚市博物館の事例を紹介することにしたい。

　伊藤寿朗が地域志向型博物館論を提唱したが，そのモデルとされた平塚市博物館で学芸員及び館長を務めた浜口哲一は著書『放課後博物館へようこそ』（地人書館，2000年）で次のように述べている。

　「みなさんは，博物館と聞くと，どんな場所を思い浮かべるでしょうか。薄暗い電灯の下にほこりをかぶった資料が並んでいる，そんなイメージでしょうか。それとも，模型や映像がふんだんに使われていて，小さなテーマパークかと思うほど，華やか雰囲気を持った施設でしょうか。

　確かに，博物館にはその両方の姿をしたものがあります。そして，資料を後世にきちんと伝えることを中心に考えれば，一見古めかしい館も大切な役目を果たしています。こどもたちに自然や歴史について興味を持ってもらうことに重点をおけば，楽しく見学できる館が大事なのは言うまでもありません。しかし，これから紹介していく平塚博物館は，そのどちらとも少し違う特徴を持っています。どんな特徴かはおいおいお話していくことになりますが，いちばんの違いは展示室だけでなく集会室や研究室あるいは収蔵室にも，毎日のように市民が出入りしている点です。そんな博物館に，私は『放課後博物館』という名前を付けました。放課後というのは，学校の放課後だけを意味する訳ではありません。勤めを持っている人のアフターファイブでもあり，定年を迎えた方々の人生の放課後でもあります。展示室を見学するだけでなく，余暇を使って，その活動にどんどん参加していく，そんな付き合いのできる館が放課後博物館です」[4]。

　ここで注目したいのは，平塚市博物館が目指したものは，ひとつめは，「一回，

博物館に行けば良い」という博物館の負の固定観念に抱かれた現状の博物館のイメージを払拭して日常的に使える博物館を目指した点である。2つめは、主体的に活動に参加して市民とともに作り上げていく参加型の博物館を目指している点である。3つめは学校教育とは棲み分けられた学びの場を意識している点である。

この点について、平塚市博物館の利用者は、『わた博―平塚市博物館30年誌―』の中で次のように述べている。

「－略－平塚市博物館は図書館にできない素晴らしい要素を持っている公の機関です。例えば観察会参加や博物館ボランティアをすることにより市民とコミュニケーションをとることができるのです。この点は生涯学習や高齢者の孤独化が進む中でシニアの方々に対応できる行事やボランティアを検討してみてはいかがでしょうか？その他に皆で力を合わせて調査したものが印刷物として残すことができ地域に貢献できることもあげられるでしょうし、主に平塚に関する基礎的な貴重な資料が開館以来存在しています。この成果は、むやみに生態系を破壊する造成などを阻止する提案をできるのです。これまでの平塚市の博物館の活動は、学芸員の専門性の高さと素晴らしい人格があってこそ市民が参加し協力し続けてこられたことを強調しておきます。ギブアンドテイクの大変良い関係で博物館が機能しています。－略－さて私にとって博物館は、自分自身を豊かにしてくれる場であったと思います。博物館で知り合えた人とは、未だ付き合いがありますし、昆虫標本の整理の方法やその生かし方を身を持って経験できました。私が係りをもった浜口学芸員は、私が中高大と学んだ学校のどの先生より尊敬できる人でした。－略－」[5]。

このことが示すように、学校教育とは違った学びのスタイル、すなわち生涯学習の求める姿が、平塚市博物館開館後の少なくとも30年の歩みの中に存在していたことが上記の2つの資料を通して窺える。

一方で、いまだ、こうした実践が学校教育を修了した人々に、均等に場と専門的な生涯学習を進展させるサービスが提供されていない現実もある。その理由として、生涯学習の受け皿が学校教育ほどに整備されていない現実があるこ

とをあげることができる。日常的に住居地の自治体では数的，予算的，人的にも学校ほどの水準に到達していない。学校教育修了後には学校外学習に移行して生涯学習の受け皿を確保するということを各自治体が責務と考えるなら，生涯学習施設はいちじるしく不足している。また，自治体の生涯学習サービスの内容を学校教育的発想の教師と生徒との関係での集団的な形態だけと想定すれば，膨大な学習テーマに対応して日常的な個別対応は不可能に近い。そのように考えると，資料の数だけの個別テーマに対応できる図書館や博物館は生涯学習を支援する有効な手段といえる。

4　公民館の「学び」

　公民館での学びは，一口で言えば，社会教育法第20条の2項の公民館の事業に謳われている項目の展示活動以外は"人から人の学びが中心である。"ということができる。それは図書館の本，博物館の物を通した主として個人での学びとは大きく異なる点でもある。人が集まって，学びはそこからスタートする訳である。そうすれば，当然，施設の建物イメージも大きく異なる。

　そうした公民館の「本」や「物」という資料をもたずとも設置が可能という性格から第二次世界大戦後に農村地域を中心に急速に普及する。しかし首都東京の23区等に代表される都市地域においては低調な経過を辿っていた。そんな中で，全国公民館連合会は，1970年に「都市化に対応する公民館のあり方」を公表した。このような都市型公民館とも呼べる公民館像を施設イメージ化した物が「公民館三階建構想」である。これは単に造営物の公民館でなく，公民館の役割と機能を構造的に捉えてイメージ化したものである。この構想は，1965年前後に小川俊夫によって提起され主として東京都下の国立（くにたち）公民館で試行的に実践された。その構想の概要は，以下の通りである。

　1階は，主としてレクレーションと社会・交流の場として設定。個人が自由にやってきて「自由なたまり場」「自己解放の場」としても機能する空間と人の配置から自然に学びに出会える場である。

2階はさまざまなグループ・サークルの集団活動ができる「集団活動の拠点」としての設定。グループ活動の展開はもちろん多様な他のグループを繋ぎ，結ぶ場でもある。
　3階は，市民の興味関心に応じた年間学習カリキュラムが用意された「市民の大学」の設定。あらゆる領域の学習が臨機応変に用意された深い学習に繋がる場でもある。

　この公民館三階建構想は従来の団体中心型の公民館を脱して「自由なたまり場」，「交流の場」が明らかにされ都市化された地域の個人の学習の新たな受け皿と公民館が役割を示した点で注目される。それは1960年代以降に公民館の設置数がピークを迎えて，それ以降は現在も減少傾向にあるが，都市化というよりは生活環境・住民意識が激変した郡部の新しい公民館像への転換も迫られている。そうした中でこの公民館三階建構想は郡部及び都市地域においても有効なものと考えられる。しかしながら当然に図書館における「本」博物館における「物」と同等に豊かな学びを演出する「人」の役割が極めて重要であることは当然である。

　さて，国立市の公民館利用者がどのように公民館に出会ったかを知る資料を2015年7月5日付けの「くにたち公民館だより」から紹介したい。
　―前略―
　―「私にとって公民館とは，使い慣れた道に実は豊かな土が敷かれていること，そして青々とした草が生えていることを教えてくれた場所である」。
　「道草を食う」という言葉がある。いい意味で使われることはないかもしれないが，私はこの言葉が大好きだ。2013年の夏，当時大学3年生だった私は，国立市公民館との出会いを通してまさしくこの言葉の心地よさを実感したのである。
　きっかけはtwitterというインターネットサービスの書き込みを見たことだった。侃々諤々，雲散霧消。雪崩のような書き込みの中に，国立市に関するも

のを見つけた。とりわけその中で目に留まったのが「喫茶わいがや」だった。なんでも，公民館にある喫茶店らしい。このことがさしても珍しくもなさそうだということは，実際「わいがや」に関わり始めてから今までにこれでもかと教えられた。―中略―公民館という公共施設に喫茶というくだけた場所のあることがとても響いたのである。そうして私は喫茶わいがやの暖簾をくぐった。これがすべての始まりとなったのである。

　暖簾をくぐると，風変わりな店員さんがいた。彼は私の注文に対して，がらがら声で返事すると，おぼつかない手つきでコーヒーを淹れはじめた。「なんだこいつ」と思うのも束の間，私の頭にじわじわ「しょうがい」という言葉が浮かびはじめた。結果的には彼とはいい友人になれたが，最初は戸惑うことも多かった。なにしろ私はこの瞬間，公民館・喫茶わいがや・しょうがいしゃといっぺんに出会ったのである。これだけ書くととんだ道草であるが，この道草は私が一人の市民として見つけた「縁」だった。家と大学の往復に学部生活の大半を費やしていた当時の私にとって，この「縁」はみるみるうちに生活を豊かに彩っていったのである。しょうがいしゃである彼との出会いを皮切りに，喫茶わいがやは私にたくさんの「縁」を見せてくれた。より広い縁を知るたび，しょうがいの有無に関係なく，楽しく喫茶店をしている彼らの姿がとても眩しく映った。だから私も夢中に夢中になって道草を食った。食べるほどに，自分も一人の市民として，地域にあふれる縁を目の当たりにしていくようだった。
―後略―

　この文章からも都市地域における公民館三階建構想の定着の様子が半世紀を経ても窺えることと，若者の公民館離れも指摘される中で一人の若者の学びの事例としても，誰にでも門戸を開いている視野の広い公民館の実践としても注目される。また，郡部では都市化は進展していないが生活環境は激変しており従来の郡部の公民館イメージとは別の公民館像が求められている。この都市型公民館像の公民館三階建構想も参考事例の一つとしても一考の価値があることを付言しておきたい。

(出所)「くにたち公民館だより」第665号．2015年7月5日

注
(1) 文部科学省「過去の答申における生涯学習の概念等における主な記述」
http://www.mext.go.jp/b_menu/shingi/chukyo/chukyo2/006/siryou/07070602/005/001.htm
(2) 末本誠・松田武雄『生涯学習と地域社会教育』春風社，2004 年，p.3
(3) 『炭坑の語り部　山本作兵衛の世界』田川市石炭博物館資料館・田川市美術館，2008 年，p.5
(4) 浜口哲一『放課後博物館へようこそ』地人書館，2000 年，pp.7-8
(5) 『わた博―平塚市博物館 30 年記念誌―』平塚市博物館，2006 年，p.54

考えてみよう・調べてみよう
1. 学校以外の学びの経験を整理してみよう。
2. 生きるための学習とは何かを考えてみよう。

読書案内
ラングラン，P.（波多野完治訳）『生涯教育入門』全日本社会教育連合会，1971 年
ジェルピ，E.（前平泰志訳）『生涯教育』東京創元社，1977 年
小笠原喜康『博物館の学びをつくりだす』ぎょうせい，2009 年
浜口哲一『生きもの地図をつくろう』岩波書店，2008 年
根本彰『情報基盤としての図書館』勁草書房，2002 年

第2章
生涯学習社会における家庭教育・学校教育の役割と連携

❏本章の要点

　家庭教育の領域を明確にするとすれば，就学年齢や在学者に対する「学校での学び」に繋がらない学習といえる。ここで重要なことは学校内における学習内容と学校外で行われる学習活動の棲み分けが必要であり，そのことが双方の役割を明確にすることになる。これまで，教育といえば学校という発想しかなかったが，脱学校を唱える生涯学習では，学校以外での学びが鍵であり，学校内外のそれぞれを結ぶ学びの連携も重要である。今後とも棲み分けと連携がされた実践が期待される。

第1節　生涯学習を進めるうえでの家庭教育の役割

　生涯学習と家庭教育に関係する法整備が2001年の社会教育法一部改正や2006年の教育基本法，さらには2008年の社会教育法の改正によって進められた。

　そこでは学校，家庭，地域住民等の関係者間の連携協力が強調された。

　生涯学習を学校外学習と位置づけると，家庭教育や学校の役割も明確になる。学校での学び以外の学習活動としてやや強引に線引きし，学校教育につながらない領域を生涯学習の領域として限定すれば理解が得やすいかもしれない。実際は学校教育と生涯学習の境界が曖昧なまま用語が使用され，その違いを大多数の一般大衆が明確に理解しているとは言い難い。本来は大多数の一般大衆の人生に関わる重要な学習活動ともいうべきものであるはずが一般大衆と乖離している状況なのである。

生涯学習を進めるうえで家庭教育の役割を考えると，家庭の構成員が生涯学習の本質を理解することがその第一歩である。いわば学習領域の棲み分けである。学校の各教科に直接的に繋がる学習か否かということができる。たとえば，児童生徒の家庭における学習で宿題等の学校の授業との関係性が強いものは場所が学校外であったとしても，ここでいう学校外学習にはならない。学校で行われている組織的で集団的な学習活動につながる学習活動以外の学習活動こそが生涯学習なのである。その棲み分けが明確にされれば，役割と連携が必然的にイメージできる。

第2節　生涯学習における学校教育の役割

　生涯学習の立場から学校教育をとらえると，学校教育は自ら学ぶための基本的な能力・資質を育む場ということができる。学校教育修了後も獲得された自ら学ぶ能力・資質が，生涯学習に継続され終生にわたり充実・発展するという関係性なのである。

　学校教育でも学校教育に携わる人々が学校内の学習以外の生涯学習の本質を理解することが求められる。つまり，学校の授業の延長線上にある学びである宿題や受験勉強等は学校内学習の領域として，それ以外の学習を学校外学習として区分すれば役割は明確になる。もちろん厳密な区分は困難であるが，あえて領域を区分した方が学校内学習と学校外学習の双方の発展に都合が良いと思われる。近年，モンスターペアレントという言葉に代表されるように，本来的に家庭で解決すべき課題を学校に持ち込むようなケースも散見される。これは学校教育への過剰期待ともいえる事態で，育児放棄，養育義務放棄として扱う方が理解されよう。ある面では教育のイメージが即，学校であるという印象を国民に与えている結果ともいえる。これも学校外学習・教育の存在の脆弱さを物語る事実でもある。国や自治体の教育費の使途を見ても，表面的には生涯学習経費であったとしても実際には学校内学習やそれを補完する事業への使途であれば，むしろ学校教育関連経費に入れるべきである。教育費全体の予算に占

める学校教育費と生涯学習関連経費を比較しても，明らかに学校教育費が優位である。もし，生涯学習経費に学校内学習の関連経費が含まれるとするならば，教育費はすなわち学校教育費ということになる。残念ながら純粋な学校外学習経費はわずかな額となる。生涯にわたる学習保障という視点で見れば，学校外学習経費の割合を注視する必要がある。

　ちなみに，1990（平成2）年1月の文部省中央教育審議会答申「生涯学習の基盤整備について」の中で以下のように学校の役割が強調されている。

　「生涯学習における学校の役割としては，次の二つのことが重要である。

　第一は，人々の生涯学習の基礎を培うことである。このことはとりわけ小学校，中学校や幼稚園の段階で重要である。

　生涯学習の基礎を培うためには，基礎的・基本的な内容に精選するとともに自ら学ぶ意欲と態度を養うことが肝要である。平成元年3月に行われた学習指導要領の改訂においても，これらの観点が特に重視されている。

　第二は，地域の人々に対して様々な学習機会を提供することである。このことはとりわけ大学・短期大学，高等専門学校，高等学校や専修学校（以下，「大学・短大等」という。）に対して要請されている。」

第3節　家庭内における生涯学習施設への理解

　生涯学習を，学校内学習の延長線上ではない学校外学習という領域として扱うことを本書における立場としたうえで，ここではさらに博物館と図書館の利用を想定した家庭における内容に絞って述べていこう。

　図書館離れや読書離れが指摘されて久しいが，さらに最近のスマートフォンに代表される電子機器の普及は，青少年に読書離れを加速させていることも指摘されている。このことが示すように，児童生徒は学校を離れれば当然社会に存在し，その社会からの影響にさらされることになることは当然であり，また学校外の多様な学びを獲得できる機会でもある。そうすると家庭にあっても学校における児童生徒の「学び」の実態把握も必要であり，その逆に学校側とし

ては社会における児童生徒の「学び」の実態や置かれている環境の把握も当然に必要となる。そうした観点に立てば，家庭と学校の連携は重要な意味をもつ。教育基本法の第13条の「学校，家庭及び地域住民等の相互の連携協力」の必要性や，図書館法第3条にも「家庭教育の向上に資する」とされており，学校外での児童生徒の家庭における図書館利用への配慮も欠かせない。

たとえば，図書館の乳幼児コーナーにおいては，文字が読めない幼児に対して赤ちゃん絵本も用意されており，たとえ0歳であろうと図書館の利用が可能である。しかし，幼児はひとりでは利用できないので，当然保護者等の家庭の支援が必要となる。

図書館や自治体におけるそうした乳幼児期の読書推進の取り組みとして，ブックスタートといわれる活動例がある。1992年に英国のバーミンガムで始まったこの運動は「赤ちゃんの頃から本の時間を習慣として持つことが，その子の言語面や計数面の考える力に大きな影響を与えることが報告され」たことから日本でも2000年の「こども読書年」を契機として広がっている。日本では図書館員や保健師，さらにはボランティアが，赤ちゃんと絵本との出会いを保護者に直接伝える活動としてこの取り組みを行っている。こうした活動への家庭の理解も必要である。

Column 1

子どもの郷土資料の収集と提供

　子どもの好奇心は無限大と思われる。目に見えるものすべてが好奇心の対象なのである。周囲の人々が学校での学習に役立ちそうと思う学習素材を遥かに超えたジャンルに目がいくと考えられる。また，子どもの目がいく対象は情報が得やすいものが多いと推測できる。そうすると多くの人が場所を越えて得るテレビやパソコンからの情報を除けば，身の回りのものに関心を抱くのは当然のことと思われる。つまり，自分の住んでいる日常的な身近な場所が一番確率の高い場所となる。そうするといつでも自然や文化の出会いも想定できる。成長に伴って知職の拡大や深化は比例すると考えられる。それに比例して好奇心，探究心も育まれる。もちろん，名称や由来，特徴を知りたいという欲求も生ま

れる。人間である以上目に見えるものに対する"なぜ，なに，どうして"という本質を探りたいという欲求が湧き起こることは自然なことである。

そのように考えると身近なものに触れて関心を深めるためのツールを用意すれば，さらなる知的好奇心を喚起することは自明のことである。私が10年以上在籍した滋賀県の愛知川図書館で取り組んだ子どもを意識した郷土資料の収集と提供の理由のひとつは，まさしくこの点なのである。その点に気づかされたのは実は神奈川県の平塚市博物館の実践を1980年代に見てからである。

1980年代当時の博物館ではA級品しか展示資料には向かないという風潮があった。ところが，1980年代に初めて平塚市博物館を訪問し，単なる石ころやタンポポが展示の主役になっていることに度肝を抜かれた。博物館イコールA級品の陳列の概念を打ち砕かれたのである。とりわけ，タンポポの展示は，平塚市内の外来種と在来種の分布状況を浮かび上がらせる工夫がされていた。発見場所を待ち針で市内全域図に外来種と在来種を色違いでプロットして示すことにより，分布状況が一目でわかるのである。博物館の募集に応じた市民が，調査者や情報提供者となり展示が完成されていくのである。多くの情報が寄せられて完成度の高い分布図が展示されていたのである。いわゆる，市民参加型の展示である。平塚市博物館では以後，カエル調査，鳴く虫調査，せみの抜け殻調査と内容も調査者も広がり小学生たちも調査者へ巻き込んで実践が深まっていくのである。こうした活動が博物館と住民を近づけて，おらが町の博物館としての地位を築いたと考えられる。それをヒントにした図書館での郷土資料収集と情報提供の取り組みがイメージ化できつつある頃に，イギリスのスコットランドのノースベウィック図書館を視察に訪ねた。その折に郷土資料のコーナーに置かれていた"指名手配　カササギ"というタイトルの一枚のチラシに遭遇した。「カササギを見た人は情報をください。」という呼びかけであった。それを見て，博物館よりは図書館の方が日常的な利用者の声が多く寄せられることが予測できたのであった。何よりも情報の収集と提供に双方向の関係性が構築できる点は，図書館の地域への定着には極めて有効と考えたのである。

そうした見聞を参考にして，図書館版の情報収集や提供に愛知川図書館でも取り組んだ次第である。

郷土資料にも多くの資料があり一般的な郷土で発行される刊行物等資料の悉皆的な収集も収集の対象とすることは当然であるが，館側の一方的な収集では限界があり底辺拡大にはつながらないことも視野に入れた。参加型収集での情報収集・提供という視点が欠かせないという認識からでもある。

何よりも子どもの参加を念頭に置けば，全世代向けの活動となるという理由からでもある。子どもから大人まで誰でも利用できるという図書館の基本的なコンセプトとも符号するのである。
　愛知川図書館では，実際に館側の資料収集・提供ではない住民参加による双方向性型ともいうべき郷土資料の収集提供において，どのような取り組みをしたのかを紹介することにする。
　収集では郷土理解と図書館の保有する資料利用がつながることを念頭に置き，子どもでも取り組めることが前提でもあった。そうしたことを踏まえて，収集活動範囲を子どもの行動範囲という点からのエリアを想定した。子どもが10分以内に歩いて行ける，家から約500メートルのエリアに拘った。東西南北で500メートルの範囲であれば日常の徒歩での生活圏域であり，各種の情報も豊かで馴染みの地でもある。情報の蓄積も相当あると考えた。また，日常の変化やさまざまな遭遇も認識できやすい一番身近なフィールドである。問題関心や探究心を育む原点とも位置づけられよう。そうしたことから旧愛知川町内の管内図を500メートル四方の区割りをして全域の地点番号を付した。それぞれの家も行政区の住所でなく，Ａの１番の地点というように地図上の番号で表すことができるようにした。その地図上に表記されたエリアで何との出会いがあったか，あるいは何を見つけたかを子どもたちでも図書館に備えているカードで報告できる仕組みを考案したのである。つまり自宅付近でキツネを見かけたらＡの１番の地点で何月何日にキツネを見た，また近所のご老人から鎮守の森の伝説を聞いた，さらにお地蔵さんがあったという記録の投稿が誰でもできるのである。この情報収集が全域で集約されれば，自然や文化情報の分布図の完成でもある。こうしたことで自然の変化や文化や歴史的環境への好奇心を喚起し，さらには探究心の深化につながると考えたわけである。これを"町のこし（残し）情報カード"とネーミングした。
　この町のこし情報カードよりさらに簡易な取り組みとして，図書館の玄関に旧愛知川町の全域地図を掲示し，直接，ホタル，キツネ，タヌキ，古民家，地蔵さん等々の発見情報をタックシールに記し貼るという，子どもでも貼れる仕掛けを作ることにも取り組んだ。
　さて，実際の成果はどうだったのかを紹介すると，町のこしカードへの利用者から情報提供としての投稿は，子どもたちというよりは大人からの提供が圧倒的に多く，子どもたちはどちらかといえば集められた情報を見る側としての立場が主流であった。一方，玄関のホタルマップの方は圧倒的に子どもからの

情報の投稿が多く，館を訪れるほとんどの来館者が足を止めてすべての世代が見入る状況になった。とりわけホタルという主題は広がりを見せ，生息地で「観察会を開きたいから」とホタルの生態を調べるための資料の提供のリクエストも寄せられた。また，毎年のホタルマップの保存の蓄積による環境の経年変化を比較するための貴重な資料としても価値が見出せるようになったことも大きな収穫だった。ともかく館内では一番良く見られる掲示物となったのも事実である。少なくとも地域に対する関心の高まりと図書館との距離が縮まったことは確かである。新聞社が各町のマイスポットの推薦を求めると，図書館が旧愛知川町の子どもたちの圧倒的な人気場所となったり，観光協会がアンケートを住民から取れば町で一番の人気場所になったのは断トツに図書館でもあった。そのような状況となったのは，紛れもなく地域との繋がりを深めた郷土資料の収集と提供の存在は大きかったと考えている。前述の取り組みが平塚市博物館のアイデアを取り入れたことからのものであり，平塚市博物館の活動が『放課後博物館へようこそ』という本で紹介されていることを考えれば，愛知川図書館は『放課後図書館』とのイメージかもしれない。

　図書館法では第3条で「図書館は，図書館奉仕のため，土地の事情及び一般公衆の希望に沿い，更に学校教育を援助し，及び家庭教育の向上に資することとなるように留意し，おおむね次に掲げる事項の実施に努めなければならない」と謳い，その第一項で「一　郷土資料，地方行政資料，美術品，レコード及びフィルムの収集にも十分留意して，図書，記録，視聴覚教育の資料その他必要な資料（電磁的記録（電子的方式，磁気的方式その他人の知覚によつては認識することができない方式で作られた記録をいう。）を含む。以下『図書館資料』という。）を収集し，一般公衆の利用に供すること。」と定めている。

　地域の事情に沿ったオリジナルな郷土ゆかりの資料の収集に，どれだけ力点を置いてきたかが今日では問われていると感じている。そのことが地域や図書館を支えている基盤に専門性を認知させたり，存在をアピールできる近道とも考えている。もちろん，郷土資料だけが図書館の地域へのアプローチのすべてではないし，専門的職務も他にもあることは充分に承知している。ただ，これまでの図書館の歩みを見て，図書館法第3条にあげられた項目の順番どころか現場での扱いが非常に小さい存在という印象が拭えないのである。せめて，郷土資料が他の資料の扱いと同列に扱われて，充分に活用されれば，それぞれの地域からも支持される図書館に発展していくと私は愛知川町での10年間の活動を振り返って思いを強くしている。そして，そこに図書館の再生を重ねている。

考えてみよう・調べてみよう
1. これまで家庭から受けてきた教育と現在の自分の姿を考えてみよう。
2. 学校教育と生涯学習の関係を調べてみよう。

読書案内
デューイ，J.（宮原誠一訳）『学校と社会』岩波書店，1957年
末本誠・松田武雄『生涯学習と地域社会教育』春風社，2004年
安藤美紀夫『幼年期の子どもと文学』国土社，1981年

第3章
生涯学習振興策の立案と推進

❑本章の要点

　博物館や図書館に関する生涯学習の視点に立った振興策の策定作業は国および地方自治体の仕事となるが，本章では地方自治体での立案と推進について具体的な千葉県袖ケ浦市の事例をあげて説明する。生涯学習の振興策は主体的な個の学びが組織的に保障されて学びの支援が円滑に機能することが重要なポイントである。袖ケ浦市での取り組みを中心に行政組織での分担や推進組織の働きも概観し，各事業の展開のプロセスを紹介する。

第1節　生涯学習を推進する組織

　わが国において生涯学習の理念を実際の政策へ移した契機は，1987年10月の「教育改革推進大綱」の閣議決定に遡る。その大綱は生涯学習体制の整備を中心に，学校教育の改革をも視野に入れた生涯学習社会の構築を見据えたものであった。翌年の1988年には文部省は社会教育局を改組し，生涯学習局を筆頭局に据えた機構改革を実施した。これは従来の位置づけからすれば大幅な序列の変動であり，生涯学習施策の重要度が投影されたものといえよう。その一連の国の政策は，都道府県や市町村等の地方自治体に影響を与えた。

　そのような経過を辿っている生涯学習施策の国や自治体での流れは，少なからず実際の生涯学習施設にも影響を与えている。各自治体の博物館等の生涯学習関連施設は，自治体の中でどのように位置づけられ，そして，全体の生涯学習政策の立案作業は，どのような実態なのかを考える必要がある。なぜならば，

各施設の役割やあり方に深く関わりがあるからである。

　世界的にはユネスコによる生涯教育の普及や経済協力開発機構（OECD）のリカレント教育（recurrent education）概念は，各国の政策に大きな影響を与えた。そうした世界の潮流は当然ながらわが国の生涯学習関連法規を始めとして，生涯学習施策や企業活動等にも大きく影響を与えている。したがって現場での今後の展開を考える際には，この世界的な潮流と現場に繋がる動きを視野に入れることは欠かせない。

　生涯学習振興策の立案には，国レベルでは文部科学省が，都道府県や政令指定都市では各教育委員会が，市町村では各市町村教育委員会が立案作業に関わるのが一般的であるが，島根県出雲市等の例もあるように一般行政が担当する自治体も存在する。

　ここでは，各自治体における教育委員会での立案作業を中心とした例を想定して考えていきたい。自治体では職務分掌という仕事の役割分担がなされて職務が遂行されるが，生涯学習は当然のことながら生涯学習課の所掌事務となる。生涯学習課は，その多くが教育委員会に所属する。その教育委員会での職務は，自治体の首長部局の事務とは違った位置づけがされている。また，自治体における教育委員会の職務は，都道府県と市町村では職務内容の違いが存在する。その具体例として，公民館は市町村が設置主体となっており，都道府県には当然のことながら公民館の設置や運営に関する職務は存在しない。そこで，一般的な都道府県と市町村の職務を比較しながら説明していくことにする。まず，都道府県における教育委員会は図3.1「愛知県教育委員会の組織」のような分担組織となっていることが一般的である。なお図3.2は市町村における教育委員会組織のイメージ図である。

　教育委員会は地方自治法第180条8項に「教育委員会は，別に法律の定めるところにより，学校その他の教育機関を管理し，学校の組織編制，教育課程，教科書その他の教材の取扱及び教育職員の身分取扱に関する事務を行い，並びに社会教育その他教育，学術及び文化に関する事務を管理し及びこれを執行する。」と規定され，博物館や図書館もこの規定の範疇にある。

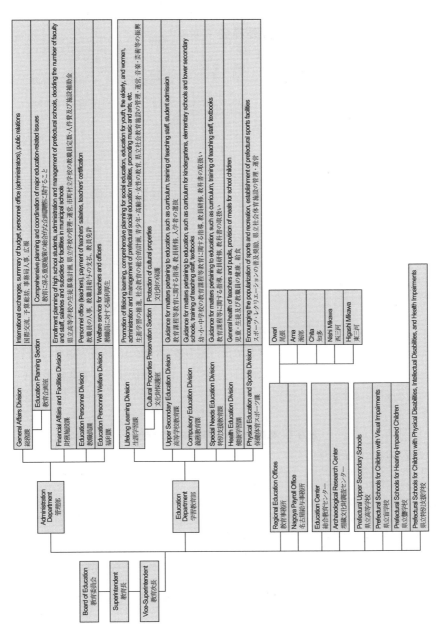

図 3.1　愛知県教育委員会の組織

(出所) 愛知県ホームページより

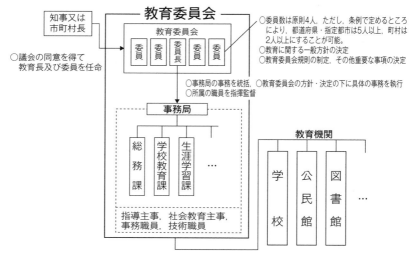

図 3.2　教育委員会の組織のイメージ

(出所) 文部科学省ホームページより

　また，教育委員会の職務内容としては，地方教育行政の組織及び運営に関する法律（昭和三十一年六月三〇日法律第百六十二号）に以下のように規定されている（表 3.1）。

表 3.1　教育委員会の職務内容 19 項目

（教育委員会の職務権限）
第二十一条　教育委員会は，当該地方公共団体が処理する教育に関する事務で，次に掲げるものを管理し，及び執行する。
一　教育委員会の所管に属する第三十条に規定する学校その他の教育機関（以下「学校その他の教育機関」という。）の設置，管理及び廃止に関すること。
二　教育委員会の所管に属する学校その他の教育機関の用に供する財産（以下「教育財産」という。）の管理に関すること。
三　教育委員会及び教育委員会の所管に属する学校その他の教育機関の職員の任免その他の人事に関すること。
四　学齢生徒及び学齢児童の就学並びに生徒，児童及び幼児の入学，転学及び退学に関すること。

五　教育委員会の所管に属する学校の組織編制，教育課程，学習指導，生徒指導及び職業指導に関すること。
六　教科書その他の教材の取扱いに関すること。
七　校舎その他の施設及び教具その他の設備の整備に関すること。
八　校長，教員その他の教育関係職員の研修に関すること。
九　校長，教員その他の教育関係職員並びに生徒，児童及び幼児の保健，安全，厚生及び福利に関すること。
十　教育委員会の所管に属する学校その他の教育機関の環境衛生に関すること。
十一　学校給食に関すること。
十二　青少年教育，女性教育及び公民館の事業その他社会教育に関すること。
十三　スポーツに関すること。
十四　文化財の保護に関すること。
十五　ユネスコ活動に関すること。
十六　教育に関する法人に関すること。
十七　教育に係る調査及び基幹統計その他の統計に関すること。
十八　所掌事務に係る広報及び所掌事務に係る教育行政に関する相談に関すること。
十九　前各号に掲げるもののほか，当該地方公共団体の区域内における教育に関する事務に関すること。

　教育委員会は法律上では，このような組織と職務内容となっており，教育の中立性，継続性，安定性の観点から一般行政から独立した組織であるということが基本的な立場である。また，教育委員会制度は首長からの独立性，合議性，住民による意思決定であるレイマンコントロール（layman control）という特性がある。このレイマンコントロールとは，アメリカにおいて発展した教育委員会の基本原理であり，レイマン（俗人）すなわち民間人によって構成された組織の判断によって管理運営されることに主眼が置かれるものである。一般市民的な立場からの民意を反映した教育の実現と教育条件整備を図ることがその目的でもある。

　生涯学習の計画等の立案は図 3.2 の事務局内の生涯学習課が担当することが一般的である。実際の生涯学習に関わる事業展開は，教育機関である公民館，図書館，博物館等々が担うことになる。

　生涯学習の振興は，図 3.3 に示されたとおり国・地方自治体の任務である。

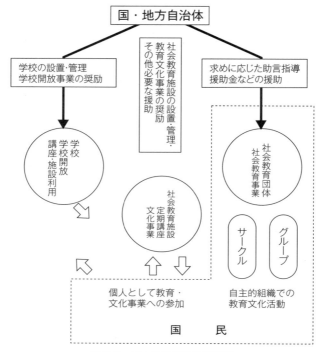

図 3.3 国と地方自治体の任務
（出所）島田修一「社会教育法」山住正己他編『教育法』自由国民社，1974 年，p.351

第 2 節　生涯学習の推進の実際

　生涯学習を推進する行政としては，多くの地方自治体の場合では，教育委員会の生涯学習課が担当することになる。

　実際の行政における生涯学習の事業展開を，千葉県袖ケ浦市を具体例としてみてみよう。

　袖ケ浦市の教育委員会組織は図 3.4 のとおりである。

　袖ケ浦市においては，教育委員会の生涯学習課によって生涯学習に関わる事業計画と推進が展開される。袖ケ浦市においては 1989（平成元）年に生涯学習

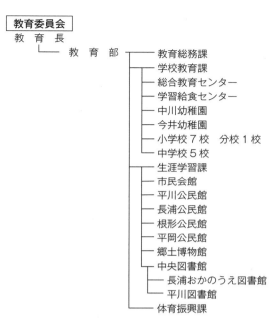

図 3.4　袖ケ浦市の教育委員会組織
（出所）袖ケ浦市立図書館『袖ケ浦の教育』2015 年 6 月

推進協議会が組織された（資料 3.1 参照）。この協議会にて生涯学習振興に必要な事項が協議され，実施内容に必要な教育委員会議決，市議会議決を経て事業計画の実施に至る。

資料 3.1

○袖ケ浦市生涯学習推進協議会設置要綱

平成元年 6 月 3 日
告示第 66 号

（設置）
第 1 条　市の生涯学習推進に当たり，広く市民の意見や要望を取り入れ，生涯学習の推進施策に資するため，袖ケ浦市生涯学習推進協議会（以下「協議会」という。）を設置する。
（所掌）
第 2 条　協議会は，次に掲げる事項を所掌する。
（1）　生涯学習の振興に関すること。
（2）　その他必要な事項に関すること。

（組織）

第3条　協議会は，委員40名以内で組織する。

2　委員は，次に掲げる者の中から生涯学習推進本部長が委嘱又は任命する。

　(1)　市議会議員
　(2)　社会教育関係団体の代表
　(3)　学校教育等関係者
　(4)　学識経験者
　(5)　自治連絡協議会代表
　(6)　経営者団体関係者
　(7)　行政関係者

（平18教委告示1・一部改正）

（任期）

第4条　委員の任期は，2年とする。ただし，補欠の委員の任期は，前任者の残任期間とする。

2　委員は，再任されることができる。

（会長の職務）

第5条　協議会に，会長及び副会長を置き，委員の互選によってこれを定める。

2　会長は，会務を総理し，協議会を代表する。

3　副会長は，会長を補佐し，会長に事故があるとき又は会長が欠けたとき，その職務を代理する。

（会議）

第6条　協議会の会議（以下「会議」という。）は，必要に応じて会長が招集する。

2　会議の議長は，会長をもって充てる。

（参与）

第7条　協議会に，参与若干名を置くことができる。

2　参与は，会議に出席し，発言をすることができる。

（部会）

第8条　協議会に，必要に応じて部会を置くことができる。

2　部会の組織及び運営については，会長が別に定める。

（庶務）

第9条　協議会の庶務は，教育部生涯学習課で行う。

（平3告示40・一部改正）

（委任）

第10条　この要綱に定めるもののほか，協議会の運営に関し必要な事項は，会長が別に定める。

以下略

なお，袖ケ浦市の市民向けの生涯学習の推進事業についての説明資料の一部を紹介する袖ケ浦市教育委員会の資料によれば，下記のように説明されている。

資料 3.2 [1]

生涯学習のまちづくり推進事業
　生涯学習は，暮らしに潤いと生きがいを求める「学び」から，現代的な課題を解決していくための「学び」まで，生涯にわたって自主的・主体的に学び続けるものです。
　袖ケ浦市では，公民館，図書館・郷土博物館などの社会教育機関，そして団体，個人が緊密につながりあい，幅広く学習機会を提供することで，人々が，いつでも，自由に学習機会を選択して学ぶことができ，その成果が生かされるような地域社会を目指しています。
　また，「まちづくりはひとづくり」という言葉のとおり，生涯学習の推進を図るための組織を確立し，取組の充実に努めています。
　1.生涯学習推進組織
　生涯学習の効果的な推進を図るために平成元年度に行政側，市民側の2つの組織を設置し，生涯学習推進の両輪としました。

※行政側
　行政所管が多岐にわたる生涯学習を推進していくための連絡調整と関連行政の合理化・効率化を図るための組織として市長を本部長とする生涯学習推進本部を，また更に細かな連絡調整を図るために生涯学習関係各課の課長による幹事会を組織して推進にあたっています。

※市民側
　学習者としての視点から様々な課題や振興策などを協議し，市に対して助言や提言を行う生涯学習推進協議会を社会教育関係団体の代表，学校教育関係者，学識経験者，自治連絡協議会関係者，経営者団体関係者等，合計20名で組織しました。
（第12期委員任期：H23.11.16 ～ H25.11.15）

　この資料からもわかるように「生涯にわたって自主的・主体的に学び続けるもの」「人々がいつでも自由に学習機会を選択して学ぶことができる」という理念が説明され行政としての果たすべき役割と職務も明示されている。
　これからの生涯学習を巡る袖ケ浦全体の推進組織及び目標のもとに，図書館や博物館での事業が計画され実施されている。袖ケ浦市郷土博物館も，生涯学習を踏まえた今後の博物館の目指す30の「あるべき姿」の理念を中心に事業

第3章　生涯学習振興策の立案と推進

が展開されているので紹介したい（資料3.3）。

資料3.3 [2]

1　重点施策及び沿革
■ 建設の目的

　博物館法に基づき，袖ケ浦市域の歴史的変遷を明らかにする歴史資料等を調査研究・収集・保管・活用し，教育的配慮のもとに一般公衆の利用に供し，郷土の歴史と伝統を理解していただくために必要な事業を行い，市民の教育，学術および文化の発展に寄与するために，袖ケ浦市郷土博物館は建設されました。

■そではく30の展望―袖ケ浦市郷土博物館の使命―

　開館30周年の節目にあたって，袖博は『そではく30の展望』を作成しました。これは，今後博物館が目指す30の「あるべき姿」と，具体的なアクションプランによって構成するもので，「使命」を遂行するための6つの取り組みを活動目標としました。策定した「使命」は，博物館に提示し，市民・来館者のみなさまの目に触れるようにしました。この計画は，より時代の変化に合わせた対応を行うために5年程度で見直すことを前提と考えています。

1. 基本目標―ひと・みらい・つながる博物館―

　袖博は，従来の事業の骨格をなす資料収集・保管・調査研究・展示公開・教育普及などを着実に進めてきました。また，それに加えて早くから博物館を取り巻く社会情勢を敏感に捉え，学校教育，地域連携，市民活動の活性化と支援を行い，多くの有識者や市民の意見をもって，「市民とともに歩む」博物館像を展望してきました。そして，さらに現在までの博物館像を再認識し，社会的存在理由や社会貢献を明確にするために基本理念を基に「使命」を作成し，博物館が「使命」を遂行するための6つの取り組みである活動目標を展開します。

2. 基本理念―市民と共に歩み，地域の発展に貢献し，愛される博物館―

　袖博が市民活動の場となり，新しい価値観のもとで，より一層「市民と共に」あり，「市民から必要とされる博物館」でなければならないことを認識するために，地域博物館としての戦略を精査し，社会的存在理由や社会貢献を明確にします。

3. 使命

　袖博は，地域の資（史）料を収集整理し，市民の共有財産として次世代に継承するとともに調査研究を推進し，市民のニーズに応じた常設展示の更新，企画展や特別展を計画的に行います。また，そこで得られた成果を市民・学校・社会教育機関・地域に発信し，連携することで地域文化の向上へ貢献します。さらに，生涯学習の拠点としての快適な学習環境を整えるため施設管理計画を立てるとともに，バリアフリー・ユニバーサルデザインの理念に基づき，安全・安心で誰にも優しい施設をめざし，次の4点項目を使命とします。

（1）地域の文化的な個性を探り，継承し，その発信拠点となります。

　地域資（史）料を収集整理し，市民の共有財産として次世代に継承します。また，地域資（史）料の調査研究を推進し，市民に成果を発表します。

(2) 市民の学習の場・知的交流の場となって，地域文化の向上に貢献します。

　市民のニーズに応じた常設展示を更新するとともに，企画展や特別展を計画的に開催します。また，市民の生涯学習の拠点とするとともに，市民が自らの意志で参画できるような展示を企画します。さらに，学校・他の社会教育機関・博物館等とのつながりや地域の企業，NPO等との交流・連携をより強化し，地域の歴史や文化を深く理解することで，地域文化の向上につくします。

(3) 市民の生涯学習拠点としての安心・安全な施設を提供します。

　市民の快適な学習環境を整えるために管理施設の安全状況を把握し，施設の管理計画を立てます。また，バリアフリー・ユニバーサルデザインの理念に基づき，安全・安心で誰にも優しい施設を提供します。

(4) 博物館としての独自性を追求します。

　周辺の施設や大学・研究機関と連携し，袖ケ浦公園・周辺の遺跡・歴史遺産を活用し，博物館活動と市民活動が融合した魅力的な活動を継続します。

4. 活動目標

(1) 地域の資（史）料を守る　―資（史）料の収集と保管―

　地域資（史）料を継続的に収集整理し，市民の共有財産として適正な環境で保存管理します。また，市史編さん事業で収集・管理してきた史料を適正に保存管理できる収蔵庫を確保します。

(2) 地域を探り，発信する　―調査研究の深化と革新―

　地域資（史）料の調査研究を推進し，新たな価値を発見，創造し，その研究成果が市民の知的財産として活用されるように公表します。

(3) 学習・知的交流の拠点になる　―展示更新と市民参画―

　市民のニーズに応じた常設展示の更新計画を推進し，資料を身近なものとして捉えることができるとともに，新たな発見や気づきがあるような展示をします。また，企画展や特別展を計画的に開催し，市民の多様な学習意欲に応えるとともに，市民が自らの意志で参画できるような展示を企画します。

(4) 地域のつながりを活かす　―地域連携の展開―

　市民の多様な学習を支援するために調査研究や展示成果を発表し，市民が新たな価値を発見，創造できるような生涯学習の拠点とします。また，小・中・高等学校との連携により多種・多様なプログラムを開発し利用促進することで，子どもたちにより良い教育環境を提供します。

　他の社会教育機関・博物館等とのつながりや地域の企業，NPO等との交流・連携をより強化し，地域の歴史や文化を深く理解する機会を推進します。

(5) 安全・安心な施設にする　―改善と維持管理―

　市民の快適な学習環境を整えるために定期的に施設の安全点検を行うとともに，施設の現状を把握し，メンテナンス・修繕・改修等の計画を立てます。また，バリアフリー・ユニバーサルデザインの理念に基づき，安全・安心で誰にも優しい施設をめざします。

(6) 袖博らしさを追求する　―マネジメント力の強化―

周辺の施設等や大学・研究機関等と連携し，市民の憩いの場である袖ケ浦公園を生かした魅力的な事業展開を図ります。また，博物館活動と市民活動が一体となった活動を推進し，周辺の遺跡や歴史遺産の解明や深化に努めるために博物館で必要となる新たな研究者や専門家の人材確保の契機にします。

| 1　地域の文化的な個性を探り，継承し，その発信拠点となります。 |
| 2　市民の学習の場・知的交流の場となって，地域の向上に貢献します。 |
| 3　市民の生涯学習の拠点としての安心・安全な施設を提供します。 |
| 4　博物館としての独自性を追求します。 |

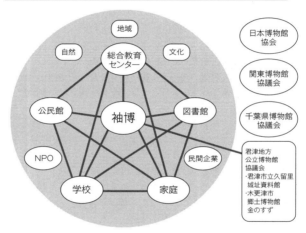

図 3.3　そではく 30 の展望と地域連携イメージ
（出所）「袖ケ浦市郷土博物館要覧　平成 25 年 3 月」p.3

　以上，袖ケ浦市郷土博物館の生涯学習理念の展開を見てきたが，単年度の事業計画の様子を別の生涯学習関連施設における重要施設のひとつの展開例として袖ケ浦市の図書館における 2014 年度（平成 26 年度）図書館での事業計画の一部を次のとおり紹介する。

表 3.2 講座等の状況

平成 27 年度読書普及事業計画（＊は新規事業）

会場	事　業　名	内　　容	回　数
中央	おはなし会	対象：4歳～小学6年生	月2回
	えほんのへや	対象：2・3歳児と保護者	月1回
	出張おはなし会	保育所・学校等でのおはなし会	応依頼
	子ども読書の日記念行事	スタンプラリー，おすすめ図書リスト配布	4～5月
	春休みおはなし会	むかしむかしの会との共催	年1回
	おはなし会ボランティア養成	講座おはなし会ボランティアの募集・養成	全5回
	文芸講座	テキスト，テーマを決めての連続講義	全4回
	資料展示	特殊コレクション等の所蔵資料の展示	年6回
	映画会	名画鑑賞会，子ども映画会	年22回
	夏のトショロ月間	夏休み期間中に子ども向け・親子向けの様々な講座・展示等の催しを行う	7～8月
	秋のトショロ月間	読書週間の前後に大人を主な対象とした様々な講座・展示等の催しを行う	10～11月
	蔵書検索端末操作講習会＊	館内OPACの蔵書検索方法等の説明	年4回
長浦	おはなし会	対象：4歳～小学6年生	月2～3回
	えほんのへや	対象：2・3歳児と保護者	月1回
	わらべうたであそぼう	対象：0歳からの乳幼児と保護者	月1回
	子ども読書の日記念行事	スタンプラリー，おすすめ図書リスト配布	4～5月
	なつやすみとしょかんであそぼう	むかしむかしの会との共催	年1回
	著者を囲む会	本の著者を講師に招いての講演	隔年1回
	映画会	名画鑑賞会，子ども映画会	年32回
	夏のトショロ月間	夏休み期間中に子ども向け・親子向けの様々な講座・展示等の事業を行う	7～8月
	秋のトショロ月間	読書週間の前後に大人を主な対象とした様々な講座・展示等の事業を行う	10～11月
	図書館除籍資料リサイクル	市内公共施設・市民への除籍資料提供	隔年1回
平川	おはなし会	対象：4歳～小学6年生	月1回
	子ども読書の日記念行事	スタンプラリー，おすすめ図書リスト配布	4～5月
	冬のおはなし会	むかしむかしの会との共催	年1回
	映画会	名画鑑賞会，子ども映画会	年13回
	夏のトショロ月間	夏休み期間中に子ども向け・親子向けの様々な講座・展示等の事業を行う	7～8月
	秋のトショロ月間	読書週間の前後に大人を主な対象とした様々な講座・展示等の事業を行う	10～11月
根形	子ども読書の日記念行事	スタンプラリー，おすすめ図書リスト配布	4～5月
	すきすき絵本タイム	対象：乳幼児とその保護者	月1回
平岡	子ども読書の日記念行事	スタンプラリー，おすすめ図書リスト配布	4～5月
	すきすき絵本タイム	対象：乳幼児とその保護者	月1回

（出所）袖ケ浦市立図書館『ようこそ図書館へ―袖ケ浦市立図書館の概要　平成27年度版』

注
(1)「であい　ふれあい　まなびあい生涯学習の記録」袖ヶ浦市教育委員会，2015年
(2)「袖ケ浦市郷土博物館要覧」袖ケ浦市郷土博物館，2013年

考えてみよう・調べてみよう
1. 自分の住む市区町村の生涯学習施策の展開について調べてみよう。
2. 国の政策と生涯学習政策との関連について考えてみよう。

読書案内
千田忠『地域創造と生涯学習計画化』北樹出版，2001年
山本宣親編『図書館森時代』日本地域社会研究所，2005年
伊藤寿朗『市民のなかの博物館』吉川弘文館，1993年

第4章
教育の原理とわが国における社会教育の意義・発展・特質

❏ 本章の要点

わが国の社会教育の特質をあげるとすれば，青年団，婦人会等の社会教育団体中心の活動から社会教育関連法の公布された前後の1950年代に社会教育施設中心へと活動が転換している点であり，さらに集団型の学習スタイルから個人が自らの学習課題を選択していく傾向が顕著となり，その受け皿としての役割が図書館や博物館利用の増加に繋がっている現状である。これは，農村型から都市型への転換の経過をたどっていることでもあるといえよう。

第1節　教育の原理と社会教育

　教育については多くの議論があることは，確かである。高熱で溶かされた鉄を鋳型に流し込んで使途に応じた製品を作る過程での鋳型に相当するのが，教育であるという論者もいると考えられる。逆に，鋳型で成型されるような人間の育て方は教育ではないという論者もいる。ここで問題なのはその鋳型を誰が何のために作るのか，またどのように作ろうとしているのか，さらに鋳型ははたしてすべての教育活動にとって必要なのかという点である。母親の胎内から生まれた瞬間の赤ちゃんは，鋳型に流し込まれる直前の高熱で溶かされる鉄と似ている関係なのである。鋳型も目的に応じて大きさや形状も異なる。やや大胆に区分するとすれば，小学校・中学校・高等学校等の学校での学習に必要な鋳型，つまりフォーマル・エデュケーションを学校教育と区分し，博物館や図書館等の学習を不定形で非定型な内容の学校外の学習領域（インフォーマル・エデュケー

ション)として区分して(＊もちろん明確に区分できない部分も当然ある)社会教育ととらえると理解しやすい。

　ちなみに，一般的には教育の分類としてフォーマル・エデュケーション(Fomal Education)，インフォーマル・エデュケーション(Infomal Education)，ノンフォーマル・エデュケーション(Non-fomal Education)に区分される。

(注)　社会教育の領域にあっても大学の公開講座・公民館やカルチャーセンターでの講座等は，その形式からいえばフォーマル・エデュケーションに近い。

第2節　社会教育の発展

　第二次世界大戦後の社会教育の発展の主な点をあげれば，第一に，社会教育法，図書館法，博物館法に根拠を得た社会教育施設の登場をあげることができる。戦前の団体型社会教育から個人の学習に対応するものへと，その性格を変えた各社会教育施設は，生涯にわたる学習課題を支援するものとして整備された。それは，自らが学習課題を選択し，いつでも，どこでも，だれでもが学ぶことができる体制の確立の道でもあった。とりわけ高度経済成長期以降は，都市部では図書館および博物館の各施設が浸透し，個人型の学習スタイルが受け入れられ主要な流れとなることを意味した。第二に，学社融合による社会教育の進展をあげることができる。とりわけ学校の週五日制の導入以降は，児童生徒の休日に対する受け皿としての社会教育が普及した。第三に，大学拡張等による高等教育機関での学習機会の増大である。大学による公開講座はもちろん，通信制大学，社会人入学，放送大学等々での学習機会は大きく進展した。第四に，NPO等ボランティア活動による社会教育の受け皿が進展した。戦後の教育基本法の制定後に発展したと考えられる注目すべき点である。

第3節　わが国の社会教育の特質

　わが国の社会教育の特質として第二次世界大戦前は青年団体，婦人団体等の

団体が中心の社会教育活動が主流であったが，戦後は，1949年に施行された社会教育法に根拠を得た公民館，1950年に施行された図書館法に根拠を得た図書館，1951年に施行された博物館法に根拠を得た博物館が社会教育の中心的役割を担うことになった。それを裏づけるように各社会教育施設関連の法律が整備されことで，その後は法律が浸透するに従って団体中心の社会教育から施設中心に展開していく。

図4.1にもあるように地域青年団員数の変化を見ても，皮肉にも日本青年団協議会が発足した1951年以降，青年団員数は減少していることがうかがえる。それに加えて重要ポイントは，1960年代に始まった高度経済成長期を境に農村から都市への人口移動が進むにつれて，農村型ともいえる地域社会教育団体

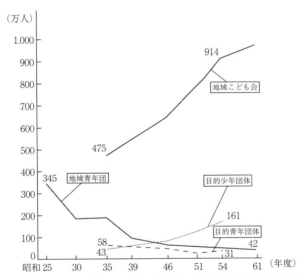

(注) 1.「地域青年団」，「地域子ども会」とは，地域を基準として社会教育活動を行う青年及び少年の団体であり，「目的青年団体」，「目的少年団体」とは，定められた活動を行うことを目的として，およそ30人以上の会員を持ち，会の規約又はこれに準ずる会則を持ち，恒常的に社会教育活動を行う団体である。
2. 61年度は，推計

図4.1　青少年団体加入者数の推移

(出所) 文部科学省ホームページ「生涯学習の現状と課題」

や公民館活動の基盤である地域社会が大きな社会変動の影響を受けて活動が低迷の方向へと辿ったことである。また，逆に急激な人口増により大都市周辺は都市化が進み，地域社会教育団体や公民館よりも社会教育の受け皿として都市型施設ともいえる図書館の利用の流れが形成され始めた。図書館にあっては1963年に『中小都市における公共図書館の運営』（通称，中小レポート）が出され，農村（地方）からの流入人口が膨れ上がった東京都の多摩地域の都市部では，このレポートに基づいた実践が図書館の設置の後押しをした。

　また，さらに1970年には実践の指南書ともいえる『市民の図書館』（日本図書館協会）が刊行され，東京都の図書館振興策の恩恵を受けて図書館は拡大していく。1970年代前後は，農村型から都市型への社会教育の転換期といえる。その一方で，都市化の波に影響を受けなかった地域や都市化人口の供給源であった農山漁村は，1970年以降も引き続き多くの自治体で図書館未設置状態が解消されずにある。従来の振興策が，中小レポートの表題のように，都市には有効であった都市中心の振興策だったことを考えると，農山漁村地域の小規模自治体も含めたすべての地域に有効な図書館施策が待たれるところである。

Column 2

過疎地における生涯学習施設

過疎地の図書館

　第二次世界大戦後からしばらくの間は，農山村漁村から都市への過度な人口移動はありませんでしたが，高度経済成長期に入ると農山村漁村から大都市への人口の流入が続き，いわゆる過疎化が始まりました。そうした地域では人口減少社会を数十年に渡り経験してきました。しかし今日，農山村漁村だけでなく都市も含め日本全体が人口減少社会を迎えており，それに伴う課題が山積しているのが現状です。

　そのような人口減少社会にどのように立ち向かえばよいのかが問われていますが，小規模自治体の社会教育施設や町づくりに関心を持ち続けてきた筆者は，過疎地域でさまざまな課題に向き合い，努力されてきた方々の実践や北欧諸国の事例に解決のヒントがあるのではと考えております。

　一例をあげますと，北海道の置戸町はかつては木材の集積地で昭和30年代の

ピーク時には人口1万3千人の町でしたが，木材需要の低迷に伴い人口の減少が進み，現在の人口は3,300人になっています。今この町では木の素材を生かした各種のクラフト作りが活発に行われています。地域で育てられた高級品のクラフトは学校給食の器としても用いられて子どもたちの美的感覚の涵養にも役立っています。学校給食の器の変化はその中身にも波及して，子どもたちが口にする給食の質も向上しました。ここではこうした木に拘った町づくりがさまざまな形で展開されています。人々が地域で豊かに暮らす術を会得していると言ってよいのではないでしょうか。
　町民のそうした活動を支えてきたのは社会教育施設です。町民の大多数が社会教育施設で学んできました。置戸町では，昭和30年代に社会教育の専門職を採用しました。その専門職員が，公民館活動や図書館活動で注目すべき実績を上げています。特に図書館活動では住民一人当たりの利用を全国一の水準にするという，図書館界では誰もが知る快挙を成し遂げました。それは図書館が木の暮らしに関わることによって構築した，地域コミュニティと図書館との見事な関係性でした。
　社会教育施設に専門職を採用するという伝統は現在も生きており，3,300人の過疎地の町に蔵書数10万冊規模の図書館サービスが展開されています。過疎地であっても情報の過疎地にはさせないというコンセプトが，隅々まで徹底されています。こうして町民の学習実践活動，つまり明日の社会を生きるのに必要な課題解決に向けての学習活動が支えられているのです。
　人口減少社会と図書館との関係性といえば，出生率の高さが全国的に注目されて奇跡の村と呼ばれている長野県下條村をあげないわけにはいきません。福祉関係者の多くが，村営住宅や高校生までの医療費無料等々が出生率の高さに繋がっていることを指摘しています。一方で，図書館関係者の視点から見ると，人口約4,000人の村に蔵書数8万4千冊の小都市並みの図書館があって，明日を生きる課題解決のヒントに気軽にアクセスできるという環境を見逃すことはできません。私は，生活課題の解決に至る学習活動こそが，今の日本に山積する課題解決への第一歩だと考えています。
　置戸町や下條村だけでなく全国のすべての地域で社会教育施設は，大きな力に成り得ます。ただし地域との関係性を重要視することが前提条件ですが…。社会教育施設が本来の力を発揮すれば，「絆」や「連帯」を始めとする地域の力を育むことができるはずです。これは先進事例に共通している点です。

■ 考えてみよう・調べてみよう
1. 社会教育団体の中からひとつの団体を選んで，その団体の活動と歴史について調べてみよう。
2. 戦後の初期の社会教育施設の状況を調べて，その時代背景について考えてみよう。

■ 読書案内
大串隆吉『青年団と国際交流の歴史』有信堂高文社，1999年
山岡健『年齢階梯制の研究』北樹出版，1993年

第5章
社会教育行政の意義・役割と一般行政との連携

❏本章の要点

　社会教育の学びは，義務や強制を伴わない自発的な学びが中心で，一斉学習が中心の学校教育とは本質的に異なる。人生を生き抜くための個別の課題に，社会教育行政としての取り組みがある。教育機関としての独自性，機会均等性，公平性も求められる一方で，他の一般行政との連携も求められる。教育機関と一般行政の連携で成果をあげている北名古屋市の回想法の取り組みの事例は，学びの多様性の可能性を示す好例である。

第1節　社会教育の意義と社会教育行政

　社会教育の意義は，「教育をうけさせねばならない」という義務や強制を伴うものではなく，自らの意思で「教育を受けたい」「学びたい」と思うことから出発する各人の自己実現を支援する社会的システムであるということができる。学校内の学習スタイルが，与えられた課題に対する一斉学習とすれば，社会教育は自ら課題を発見し，解決に向けて主体的に課題解決学習を行う，という点で大きく中身が違っている。つまり，学歴を獲得して地位を獲得するために一定の期間に行う競争原理の下の学習活動とは本質的に異なる。

　さて，このような意義を法律的に支えているのは教育基本法第12条である。
「（社会教育）
　　第十二条　個人の要望や社会の要請にこたえ，社会において行われる教育は，国及び地方公共団体によって奨励されなければならない。
　2　国及び地方公共団体は，図書館，博物館，公民館その他の社会教育施設

の設置，学校の施設の利用，学習の機会及び情報の提供その他の適当な方法によって社会教育の振興に努めなければならない。」

ここでは，社会教育の振興は，国および地方公共団体の役割として謳われている。この条文を各自治体が尊重すれば日本国内のすべての自治体に日本の代表的な社会教育施設の図書館，博物館，公民館が設置されているはずであるが，現実的には3施設が揃っている自治体の割合の方が圧倒的に少ない。さらには3施設の内のひとつだけしか設置していない自治体も存在する。人口約3,300人の北海道の置戸町や人口約2万人で2館体制の滋賀県愛荘町の規模を下回る市立図書館も存在するように，自治体間の社会教育施設の規模においても大きな格差が生じている。

また，社会教育行政は教育基本法第16条の基本的な姿勢を踏まえたうえで進められている。

「（教育行政）

第十六条　教育は，不当な支配に服することなく，この法律及び他の法律の定めるところにより行われるべきものであり，教育行政は，国と地方公共団体との適切な役割分担及び相互の協力の下，公正かつ適正に行われなければならない。

2　国は，全国的な教育の機会均等と教育水準の維持向上を図るため，教育に関する施策を総合的に策定し，実施しなければならない。

3　地方公共団体は，その地域における教育の振興を図るため，その実情に応じた教育に関する施策を策定し，実施しなければならない。

4　国及び地方公共団体は，教育が円滑かつ継続的に実施されるよう，必要な財政上の措置を講じなければならない。」

その一方で，県と市町村との役割と関係性が不明確であることから，その対象とする住民へのサービスも行き渡らないことへの批判や二重行政批判も一部では存在する。条文の2項，3項に示されているように，「教育に関する施策を総合的に策定すること」や「実情に応じた教育に関する施策の実施」が国や自治体に求められる。

第2節　社会教育行政と一般行政との連携

　教育基本法の第13条（学校，家庭及び地域住民等の相互の連携協力）をご覧いただきたい。

　「第十三条　学校，家庭及び地域住民その他の関係者は，教育におけるそれぞれの役割と責任を自覚するとともに，相互の連携及び協力に努めるものとする。」

　この条文が示すように，学習活動の広がりと深まりを追求する社会教育の充実にあたっては一般行政との連携が欠かせなくなっていく。

　愛知県北名古屋市の歴史民俗資料館と福祉行政の連携は，昔の民具を活用して地域住民の学習と福祉増進に寄与している点で特筆すべき例なので，以下市のホームページより紹介する。

北名古屋市の回想法 (1)

　北名古屋市には「昭和日常博物館」とも呼ばれている歴史民俗資料館があり，昭和時代の生活用具や玩具等を豊富に収蔵し，昭和の生活史を全国へ発信しています。

　この歴史民俗資料館の豊富な収蔵品を，「思い出ふれあい事業」（回想法事業）の有効な資源として活用していこうとする保健福祉側の視点と，収蔵品を他の分野にも有効利用していこうとする博物館側の視点が両輪となって，回想法事業を進めています。

*

事業の目的

　自らの経験や，昔懐かしい道具を教材にその体験を語り合う（回想する）ことにより，介護予防，認知症防止に役立てようとする回想法は，欧米諸国より始まり，既にわが国でも臨床に応用されており，特別養護老人ホーム，老人保健施設などで試みられています。

　しかしながら，地域ケアにおいて回想法を活用している自治体は，ほとんどないのが実情です。市は，以前から昔の「日常生活用具」の収集に努めており，昭和の生活史の博物館として全国的に知られている歴史民俗資料館，旧加藤家住宅があり，常設展及び定期的な企画展を開催し，多くの集客をよんでいます。この回顧するにふさわしい環境資源を事業に利用し，閉じこもりがちな高齢者等を対象に回想法（グループ回想法による手法）を実践することで，新たな介護予防事業を起こし，地域ケアの実践の場として介護予防，地域づくりを図ることを目的としています。

回想法との関わり

　上述のとおり本市の歴史民俗資料館は，昭和史の日常生活用具の収集・保存・展示に努めており，全国から多くの視察者があり，「昭和日常博物館」と呼ばれています。その来館者は一同に懐かしさに浸り，思い出話が沸き起こって，回想法が自然に実践されている懐旧の場ともなっています。

　特に平成11年には「ナツカシイってどんな気持ち～ナツカシイをキーワードに心の中を探る」と題して企画展を行い，回想法と収蔵物の新たな関わりを提言したり，平成13年3月には総合福祉センターもえの丘で，「幼かった頃」と題し，懐かしい自動車や教科書等を展示した企画展を催すなど，来館者，デイサービス利用者の記憶を刺激しました。

　このように，本市の歴史民俗資料館には，昭和時代をテーマにした一貫したコンセプトがあり，回想法に活用できる資源が整っています。

> 　回想法を実践するに当たり，実践する環境（場）は対象者，進行側にとっても極めて重要な意味を持つと考えています。昔から使い慣れた物や雰囲気，居住空間等の連続性があれば，回想法実践において対象者の心理面に良い安定を与えるものと考えられます。
> 　また，北名古屋市には現在，国の登録有形文化財に登録されている旧加藤家住宅があり，明治時代から昭和前期の生活様式をよく残しています。そこで，この旧加藤家を活用することにより，回想法の場としての役割を充分担える有用な資源と考えています。
>
> 　　　　　　　　　　　　　　　　　（以下略）

　この回想法を取り入れた活動は図書館でも近年盛んに取り組まれるようになった。この北名古屋市の実践は教育機関である社会教育施設の博物館と福祉分野である一般行政との連携の例であるが，同じ社会教育施設の図書館や公民館においても主題によっては他の行政分野とも今後の新たな組み合わせの連携も予想される。

注
(1) 北名古屋市ホームページ「回想法ページへようこそ」http://www.city.kitanagoya.lg.jp/fukushi/3000067.php

考えてみよう・調べてみよう
1. 個人の自発的な意思で進める学習の限界性と可能性について考えてみよう。
2. 社会教育行政と一般行政の連携の事例を調べてみよう。

読書案内
遠藤英俊・市橋芳則『地域回想法ハンドブック』河出書房新社，2007年
諸岡博熊『みんなの博物館』日本地域社会研究所，2003年

第6章
自治体の行財政制度と教育関連法規

❏ 本章の要点

　自治体が設置する社会教育施設は自治体との関係性抜きには存在しない。施設の基盤を理解することが運営全体の構造の理解に繋がる。社会教育および生涯学習の推進を図るうえで，屋台骨を支える関連諸法と自治体の仕組みへの理解が欠かせない。また，生涯学習の進展と社会教育施設の運営上で大きな拠り所となる教育関連の諸法の理解とコンプライアンスはとりわけ重要である。理念と運営のルールは活動の根幹である。

第1節　自治体を支える諸法

　わが国を代表する社会教育施設である図書館，博物館，公民館にあっては自治体の管轄であり，拠って図書館司書や博物館学芸員等，専門職も所属する自治体の影響下にある。その自治体のあり方と日々のそれぞれの活動も決して無縁ではない。日々の仕事と何ら関係がないように見えても，実は施設の基盤となっている自治体の仕組みや動きを認識することが日々の施設運営に欠かせない現況である。とりわけ，2003（平成15）年の地方自治法の一部改正により指定管理制度の社会教育施設への導入以降は自治体施策が施設運営に大きな影響を及ぼしている。もちろん最高法規としての日本国憲法はすべての拠り所であることはいうまでもない。ここでは，これまでの法整備の足跡も辿りつつ関係法令を概観することにする。

　わが国の地方自治の起源を辿れば1868年の政体書政令まで遡るが，現行の地方自治制度の確立は，日本国憲法や地方自治法が制定された第二次世界大戦

後であり，これを民主的な自治体制度のスタートとして捉えたい。自治体の管轄する職務の規定は地方自治法上に拠ってさまざまな領域に及んでいる。当然自治体が設置する施設の有り様に大きく影響をする。それらに加えて後発の生涯学習の理念を支える自治体の生涯学習施設の関連法も足跡を辿りながら説明を加えることにする。

主な関係法は，以下のとおりであるが，生涯学習との関係について，関係する法律ごとに説明を加えることにする。

```
                 地方自治法
                          ⇒  社会教育法      1949年公布
 日本国憲法  →  教育基本法 ⇒  図書館法       1950年公布
                          ⇒  文化財保護法    1950年公布
                          ⇒  博物館法       1951年公布
                          ⇒  スポーツ振興法   1961年公布
                             上記は全部改正で 2011 年スポーツ基本法
                          ⇒  生涯学習振興法    1990年
                          ⇒  音楽文化学習環境整備法    1994年
                          ⇒  こどもの読書活動推進法    2001年
                          ⇒  文字・活字文化振興法    2005年
```

1　日本国憲法

日本国憲法は国の最高法規であることは当然であり，各法規は憲法の精神の具現化である。当然のことながら図書館や博物館の活動も憲法の理念に近づける現場のひとつでもある。生涯学習を進めるうえで第26条の教育を受ける権利は学校教育だけでなく学校外での生涯にわたる学習もその範疇にある。その憲法の中で，図書館や博物館の社会教育施設に関係が深いものは第3章と第8章に存在している。

まず，第3章「国民の権利及び義務」の各条文のうちの各条と施設運営に深い記述が指摘できる。

第十一条中の「国民は，すべての基本的人権の享有を妨げられない。この憲

法が国民に保障する基本的人権は，侵すことのできない永久の権利として，現在及び将来の国民に与へられる。」

第十二条中の「この憲法が国民に保障する自由及び権利は，国民の不断の努力によつて，これを保持しなければならない。又，国民は，これを濫用してはならないのであつて，常に公共の福祉のためにこれを利用する責任を負ふ。」

第十三条中の「すべて国民は，個人として尊重される。生命，自由及び幸福追求に対する国民の権利については，公共の福祉に反しない限り，立法その他の国政の上で，最大の尊重を必要とする。」

第十四条中の「すべて国民は，法の下に平等であつて，人種，信条，性別，社会的身分又は門地により，政治的，経済的又は社会的関係において，差別されない。」

第十五条中の「すべて公務員は，全体の奉仕者であつて，一部の奉仕者ではない。」

第一七条　何人も，公務員の不法行為により，損害を受けたときは，法律の定めるところにより，国又は公共団体に，その賠償を求めることができる。

第十九条中の「思想及び良心の自由は，これを侵してはならない。」

第二十条中の「国及びその機関は，宗教教育その他いかなる宗教的活動もしてはならない。」

第二十一条中の「集会，結社及び言論，出版その他一切の表現の自由は，これを保障する。」

第二十三条中の「学問の自由は，これを保障する。」

第二十五条中の「すべて国民は，健康で文化的な最低限度の生活を営む権利を有する。」

第二十六条中の「すべて国民は，法律の定めるところにより，その能力に応じて，ひとしく教育を受ける権利を有する。」

これらの条文に謳われた内容は，施設の利用者や施設の運営する側の指針と

して関係の深い部分である。

2 地方自治法 (昭和22年4月17日法律第67号)

　地方自治法は，自治体が設置する生涯学習施設の基盤となる自治体の有り様を規定する法律のひとつである。その自治体が設置する図書館，博物館と関係の深い部分の主な条文としては，教育委員会に設置に関わる条文や施設の運営関連として地方自治法にも謳われている。

　第7章第180条の八では「教育委員会は，別に法律の定めるところにより，学校その他の教育機関を管理し，学校の組織編制，教育課程，教科書その他の教材の取扱及び教育職員の身分取扱に関する事務を行い，並びに社会教育その他教育，学術及び文化に関する事務を管理し及びこれを執行する。」と規定し，生涯学習を担当する法的な裏づけとして謳っている。

　また，第10章には公の施設として第244条で指定管理に関係する事項を規定し生涯学習を担当する法的な裏づけとして謳っている。

「（公の施設）

第二百四十四条　普通地方公共団体は，住民の福祉を増進する目的をもってその利用に供するための施設（これを公の施設という。）を設けるものとする。

2　普通地方公共団体（次条第三項に規定する指定管理者を含む。次項において同じ。）は，正当な理由がない限り，住民が公の施設を利用することを拒んではならない。

3　普通地方公共団体は，住民が公の施設を利用することについて，不当な差別的取扱いをしてはならない。

（公の施設の設置，管理及び廃止）

　第二百四十四条の二　普通地方公共団体は，法律又はこれに基づく政令に特別の定めがあるものを除くほか，公の施設の設置及びその管理に関する事項は，条例でこれを定めなければならない。」

　以上の法律が，地方自治法上の生涯学習施設関連に関わる設置や運営上で関

係の深い主要な法律である。

第2節　生涯学習の推進に関する法律

1　生涯学習の振興のための施策の推進体制等の整備に関する法律
（平成2年6月29日法律第71号）

　生涯学習の推進に直接関係する法律として本法がある。第1条に，「この法律は，国民が生涯にわたって学習する機会があまねく求められている状況にかんがみ，生涯学習の振興に資するための都道府県の事業に関しその推進体制の整備その他の必要な事項を定め，及び特定の地区において生涯学習に係る機会の総合的な提供を促進するための措置について定めるとともに，生涯学習に係る重要事項等を調査審議する審議会を設置する等の措置を講ずることにより，生涯学習の振興のための施策の推進体制及び地域における生涯学習に係る機会の整備を図り，もって生涯学習の振興に寄与すること」とその目的が述べられている。また，同法第3条では都道府県の役割が明示されている。

「（生涯学習の振興に資するための都道府県の事業）

　　第三条　都道府県の教育委員会は，生涯学習の振興に資するため，おおむね次の各号に掲げる事業について，これらを相互に連携させつつ推進するために必要な体制の整備を図りつつ，これらを一体的かつ効果的に実施するよう努めるものとする。

一　学校教育及び社会教育に係る学習（体育に係るものを含む。以下この項において「学習」という。）並びに文化活動の機会に関する情報を収集し，整理し，及び提供すること。

二　住民の学習に対する需要及び学習の成果の評価に関し，調査研究を行うこと。

三　地域の実情に即した学習の方法の開発を行うこと。

四　住民の学習に関する指導者及び助言者に対する研修を行うこと。

五　地域における学校教育，社会教育及び文化に関する機関及び団体に対し，

これらの機関及び団体相互の連携に関し，照会及び相談に応じ，並びに助言その他の援助を行うこと。
　六　前各号に掲げるもののほか，社会教育のための講座の開設その他の住民の学習の機会の提供に関し必要な事業を行うこと。
2　都道府県の教育委員会は，前項に規定する事業を行うに当たっては，社会教育関係団体その他の地域において生涯学習に資する事業を行う機関及び団体との連携に努めるものとする。」

　その他の生涯学習を推進する関連法として下記の法律をあげることができる。

2　音楽文化の振興のための学習環境の整備等に関する法律
（平成 6 年 11 月 25 日法律第 107 号）

　この法律の第 1 条で，「この法律は，音楽文化が明るく豊かな国民生活の形成並びに国際相互理解及び国際文化交流の促進に大きく資することにかんがみ，生涯学習の一環としての音楽学習に係る環境の整備に関する施策の基本等について定めることにより，我が国の音楽文化の振興を図り，もって世界文化の進歩及び国際平和に寄与することを目的とする。」ことが謳われて，また，第 2 条の第 2 項で「この法律において『音楽学習』とは，学校教育に係る学習，家庭教育に係る学習，社会教育に係る学習，文化活動その他の生涯学習の諸活動であって，音楽に係るものをいう。」と社会教育や生涯学習についての関係性が述べられている。

　さらに第 4 条 2 項には地方公共団体の事業として，「音楽に係る社会教育のための講座を開設すること。」と明記されている。

3　子どもの読書活動の推進に関する法律
（平成 13 年 12 月 12 日法律第 154 号）

　その目的として，第 1 条に「この法律は，子どもの読書活動の推進に関し，基本理念を定め，並びに国及び地方公共団体の責務等を明らかにするとともに，

子どもの読書活動の推進に関する必要な事項を定めることにより，子どもの読書活動の推進に関する施策を総合的かつ計画的に推進し，もって子どもの健やかな成長に資することを目的とする。」と謳われ，第7条では，関係機関等との連携強化として「図書館その他の関係機関及び民間団体との連携強化その他必要な体制の整備に努めるものとする」と自治体の努力目標も明示されている。そして第8条では，推進に関する計画の総合的な施策についても言及されている。

4　文字・活字文化振興法（平成17年7月29日法律第91号）

第1条 で「この法律は，文字・活字文化が，人類が長い歴史の中で蓄積してきた知識及び知恵の継承及び向上，豊かな人間性の涵養並びに健全な民主主義の発達に欠くことのできないものであることにかんがみ，文字・活字文化の振興に関する基本理念を定め，並びに国及び地方公共団体の責務を明らかにするとともに，文字・活字文化の振興に関する必要な事項を定めることにより，我が国における文字・活字文化の振興に関する施策の総合的な推進を図り，もって知的で心豊かな国民生活及び活力ある社会の実現に寄与すること」を目的と掲げており，第2条で「この法律において『文字・活字文化』とは，活字その他の文字を用いて表現されたもの（以下この条において「文章」という。）を読み，及び書くことを中心として行われる精神的な活動，出版活動その他の文章を人に提供するための活動並びに出版物その他のこれらの活動の文化的所産をいう。」と定義している。また，社会教育としては第6条で「国及び地方公共団体は，文字・活字文化の振興に関する施策が円滑に実施されるよう，図書館，教育機関その他の関係機関及び民間団体との連携の強化その他必要な体制の整備に努めるものとする。」とし，さらに同法の7条では1項で「市町村は，図書館奉仕に対する住民の需要に適切に対応できるようにするため，必要な数の公立図書館を設置し，及び適切に配置するよう努めるものとする。」，及び2項で「国及び地方公共団体は，公立図書館が住民に対して適切な図書館奉仕を提供することができるよう，司書の充実等の人的体制の整備，図書館資料の充

実，情報化の推進等の物的条件の整備その他の公立図書館の運営の改善及び向上のために必要な施策を講ずるものとする。」と図書館の整備まで踏み込んで具体的活動を規定している。

第3節　教育関係法規

　本書で取り扱う領域は，生涯学習の関係やその関連性の深い内容となる。また，本章が想定している図書館，博物館の活動を支える教育関連法令について主な法令を紹介する。

1　教育基本法（平成18年12月22日法律第120号）

　教育基本法では，第1条で教育の目的が掲げられ，これは学校教育に留まらず，社会教育や教育機関がその活動の目的とすることはいうまでもない。

（教育の目的）
第一条　教育は，人格の完成を目指し，平和で民主的な国家及び社会の形成者として必要な資質を備えた心身ともに健康な国民の育成を期して行われなければならない。

　教育基本法第3条には，2006年の法改正によって「だれでも」「いつでも」「どこでも」学べる体制すなわち生涯学習の理念が謳われている。

（生涯学習の理念）
第三条　国民一人一人が，自己の人格を磨き，豊かな人生を送ることができるよう，その生涯にわたって，あらゆる機会に，あらゆる場所において学習することができ，その成果を適切に生かすことのできる社会の実現が図られなければならない。

　教育基本法第4条には，教育の機会均等についての条文が掲げられている。学校教育に留まらず社会教育及び生涯学習においても同様に適用される条文で

もある。

　（教育の機会均等）
　第四条　すべて国民は，ひとしく，その能力に応じた教育を受ける機会を与えられなければならず，人種，信条，性別，社会的身分，経済的地位又は門地によって，教育上差別されない。

　教育基本法第12条は5章でも述べたとおり，自治体の役割についての条文である。個人の要望や社会の要請という点は脱学校の生涯学習の理念であり，2項では学習を提供の場としての各施設の振興が国や自治体の役割として明示されている。

　（社会教育）
　第十二条　個人の要望や社会の要請にこたえ，社会において行われる教育は，国及び地方公共団体によって奨励されなければならない。
　2　国及び地方公共団体は，図書館，博物館，公民館その他の社会教育施設の設置，学校の施設の利用，学習の機会及び情報の提供その他の適当な方法によって社会教育の振興に努めなければならない。

　教育基本法第13条について，はすでに2章でも述べたが，連携協力についての条文である。それぞれの力を出し合って連携することで教育の目的を遂げることは当然のことである。しかしながら，互いの力を知り，信頼関係を構築することが今日の課題でもある。コミュニティでの関係性の構築が第一歩である。

　（学校，家庭及び地域住民等の相互の連携協力）
　第十三条　学校，家庭及び地域住民その他の関係者は，教育におけるそれぞれの役割と責任を自覚するとともに，相互の連携及び協力に努めるものとする。

　教育基本法第16条は教育の独立性，教育の機会均等・教育水準の維持向上，

地域の実情の反映，継続性という教育振興にとっての重要部分が明示されている。これらは学校教育のみならず教育行政の管轄下の各教育機関にも共通の条文である。図書館，博物館にあっては同じ教育機関である学校と比較して設置率，水準を見ても自治体間格差がいちじるしい。同法の精神から考えても課題を抱えている。

（教育行政）
第十六条　教育は，不当な支配に服することなく，この法律及び他の法律の定めるところにより行われるべきものであり，教育行政は，国と地方公共団体との適切な役割分担及び相互の協力の下，公正かつ適正に行われなければならない。
2　国は，全国的な教育の機会均等と教育水準の維持向上を図るため，教育に関する施策を総合的に策定し，実施しなければならない。
3　地方公共団体は，その地域における教育の振興を図るため，その実情に応じた教育に関する施策を策定し，実施しなければならない。
4　国及び地方公共団体は，教育が円滑かつ継続的に実施されるよう，必要な財政上の措置を講じなければならない。

2　地方教育行政の組織及び運営に関する法律

（昭和31年4月30日法律第162号）

　同法では第23条で教育委員会の職務権限として「学校その他の教育機関の設置」の管理及び執行が位置づけられ，「教育機関の職員の任免」「公民館の事業その他社会教育に関すること」も所管するとしている。これらの事項が社会教育施設や生涯学習施設の教育委員会の帰属の法的な根拠と考えられる。

　考えてみよう・調べてみよう
　1. 指定管理制度と地方自治法との関係について調べてみよう。
　2. 図書館や博物館について触れている法律を調べてみよう。
　3. 教育の機会均等と社会教育施設との関係について考えてみよう。

読書案内

大串夏身『これからの図書館』青弓社，2002 年
神野直彦『財政の仕組みがわかる本』岩波書店，2007 年
武田公子『地域戦略と自治体行財政』世界思想社，2011 年

第7章
社会教育の内容・方法・形態

❏本章の要点

　社会教育の学びは知識注入型ではなく，自発的な学びを支援するとことにある。社会教育のイメージは，いわゆる脱学校型の学びのスタイルである「いつでも」「どこでも」「誰でも」学べる体制の整備と支援が中心ということである。いわゆる社会に教室を作るという学校型の教育の普及をするのではなく，個々の学びたいという要求に応えることや課題解決に応えることである。図書館や博物館では，資料の提供やレファレンスサービスを通した学習情報の提供・学習相談等を通じて個別の対応が図られる。

第1節　社会教育の内容・方法・形態の特質

　学校教育が決められた内容・方法・形態によるものと大きく区分すれば，社会教育の内容・方法・形態には定型的なものはない。したがって，集団を対象に行う教室での定まった内容を計画的に教師が生徒に対して行う講義形態の知識伝達のスタイルは社会教育の主たる姿ではないことを前にも述べたが，繰り返しになるが最初に押さえておく必要がある。

　社会教育施設の公民館では講義形式の学習形態も散見されるが，少なくとも図書館や博物館では，学校教育スタイルの講義での知識伝達は誰もに馴染まないと理解されている。「物＝一次資料」や「本＝二次資料」から大量の情報を得て学ぶ博物館や図書館は，講義スタイルよりは圧倒的に情報量や多様性において優位性があるが，各種の学習活動の計画の立案時において意識されていないのが現状である。現実的には，社会教育関連事業の計画立案時においては学

校教育関係者が大多数を占めており、脱学校化が意識されないのは当然のことではある。学校中心の計画だけで事業が展開するとすれば社会教育の発展を阻んでいる一因は、すでに計画の段階で発想転換が困難な状況にあるという点である。脱学校化は、社会教育の根幹をなす重要なキーワードであり、学校教育とは全く別の発想に立たないと成立しないことを肝に銘ずるべきである。

では、繰り返しになるが再度社会教育の優れた面を確認すると、たとえば学校教育スタイルで社会人向けに講義形式で知識伝達をするとすれば、テーマに沿った講師と機会を準備するのに膨大な講師謝金の経費と決められた時間を必要とするが、個人個人の力量や時間に合わせて一冊の本で解決できる図書館機能はわずかな経費で最大の効果を発揮することが可能である。また、実物を見ることで100回の説明より一度の観察の方が本質を理解しやすい博物館機能も同様である。文字通り「百聞は一見に如かず」という訳であり、実物のもつ大量の情報を二次資料は超えられない。博物館も図書館も、人類が獲得した膨大な資料群（叡智）を所蔵する空間である。これらから得られる「学び」は、限られた時間というよりは時間も空間も超えられる点においても講義形式の「学び」とは本質的に性格が異なるのである。これらの特性は講義形式の学習にはない部分であり、この優位性が認識できない限り社会教育の真の進展は望めないことでもある。講義形式の、画一的な内容を一斉に伝達する知識注入型の学習だけが学習方法であるという固定観念からの脱却が求められる。

そもそも多様な文化をもった人々を対象者とする社会教育では、同質集団を対象とする学校型の手法は馴染まないのである。個の多様なニーズに対応できる柔軟性が社会教育に求められる。その対応には高度な専門性が要求される所以である。その高度な専門性を獲得するための養成上の課題も存在する。

第2節　学習情報の提供

社会教育が進展するためには学習情報の提供が欠かせない。学習者が学習に関わる基本的な「いつ－期日・時間」「どこで－場所」「なにが－内容」「どの

ように－形態」という具体的な中身の情報を得ることから学習が開始されると考えられる。これは，ごく普通の導入的な学びにおける用意された学習を選択し，参加・不参加の判断を下す場合の最低限に必要な情報でもある。大袈裟にいえばこの情報提供の良し悪し次第で「学習に出会うか否か」を決定づけるほどの重要な意味をもつので，社会教育の職務の「人と情報を結ぶ」役割を考えても学習情報の提供が上位に位置づけされる。以前から広報活動は活動を牽引する機関車にたとえられるように重要であり，社会教育施設の情報提供の中では当然学習情報が大きな割合を占める。インターネットが普及する今日でもその重要性はますます高まっている。また，きめ細かな情報提供が求められている。これらの情報提供の例を区分すると，主なものは以下 (1) ～ (6) のとおりである。

(1) 機会に関する情報

優先順位の高いのは期日と時間・回数，さらには主催に関する情報である。日本の代表的な農村である米作地帯では，農作業暦に合わせて年中行事が組まれた時代とは全く事情が異なり，労働時間や休日も異なる現在にあっては参加できるかどうかがまず多くの人々の関心事となる。そのうえで公民館や社会教育関連センター，市町村，NPO 等で開催される講座や教室，講演会，展覧会が，いつ，どのくらいの間，どこで開催され，その参加方法といった，具体的で基本的な情報が必要である。

(2) 内容に関する情報

学習機会情報と同様に優先順位が高いのは，学習内容に関する情報である。具体的に示された科目・領域・テーマであり，学習の中身がわかり学習者の具体的な学習計画を立案するために必要な基本的学習の内容に関する情報である。また，主催者が誰かという情報は，学習内容の信頼性をイメージする判断材料となる場合が多い。

(3) 教材・教具・資料等の内容に関する情報

具体的な学習内容に関係する学習教材の資料や取り扱う教具のこと，また，それらをどのように利用できるか否か等の基本的な情報である。とりわけ電子

機器が発達した今日では，機械を操作することを前提にしているかどうかも関心事である。教具の使用に関しての料金徴収の有無等も必要な情報である。

(4) 社会教育関係団体・サークル，グループの活動内容に関する情報

どのような目的の学習団体や学習グループがあり，その団体・グループ活動に参加するために必要な参加資格等を知るために必要な基本的な情報である。さらには，構成員の年齢構成や活動履歴，会の規約等の具体的な情報も必要な情報である。

(5) 指導者等に関する中身の情報

指導事項に関する指導者の略歴や指導者の専門性・知識・技術の水準や業績，さらにどのような内容の指導事項かといった情報である。これは，実際の指導内容等の具体的な過去の指導経歴等の指導実態等を知るために必要な情報である。どのような水準の指導を受けられるかという判断材料に必要な情報である。

(6) 施設とその利用に関する情報

具体的にどんな設備内容をもった，どのような目的・種類の施設が，どこにあり，どのような手続き・方法でそれらを利用できるか，使用料の有無あるいは具体的な使用料金など，施設を利用するに際しての条件等も必要な情報である。今日では交通アクセスや駐車場の有無とそれに伴う経費も必要な情報である。

学習情報提供上の基本的な注意点としては，学習者にとって必要な情報が必要な時に確実に入手できることが重要である。これらを欠くと学習者の学習機会を損なうという事態が充分に想定できる。その的確な学習情報の橋渡しこそが社会教育に携わる職員の重要な仕事であることも忘れてはならない。

第3節　社会教育における学習相談

学習相談は重要な職務のひとつでありながら，現状としては充分な活動が展開されていない。住民や社会教育関連施設の利用者が学習上の課題に遭遇した

場合に，適切な助言や学習支援によって学習者の課題が明確になり，学習課題の解決ができるようになることが学習相談事業の趣旨である。これらの学習相談事業が従前では学習情報の提供という段階に留まっていたことも低調な原因のひとつと指摘できる。今後は社会教育の専門的職務である社会教育主事，博物館学芸員，図書館司書の重要な仕事が学習相談事業と位置づけるべきである。前述の田川市立図書館の永末十四雄館長が，山本作兵衛の学習支援を行った事例が本節の学習相談に該当する。琵琶湖博物館では，図書コーナーで博物館の学芸員が輪番で利用者の学習相談に応じている例も具体的な学習相談の例である。また，学習相談が現時点で一般的に最も日常的に定着し普及しているのが図書館におけるレファレンスサービスである。しかしながら，図書館のレファレンス業務は高度の知識と経験を伴うことから，各館でのサービス内容に格差が見られる。専用カウンターの要員を配置していてレファレンス業務の個別対応を明確にした館がある一方で，専用カウンターもなく担当のレファレンス係員が不在な館も存在する。このようにレファレンス業務への各館の比重のかけ方も一律ではない。

　この学習相談活動は，学習情報の提供とともに一人ひとりの個別の学習支援の活動として社会教育の重要な職務に位置づけられるべきであり，学習相談を担当する人材の確保のための養成および研修の機会が求められる。

　　考えてみよう・調べてみよう
　1. 自分の住む市区町村の学習情報の提供の実態を調べてみよう。
　2. 日頃から利用している博物館と図書館の学習情報の実態を調べてみよう。

　　読書案内
　上山信一・稲葉郁子『ミュージアムが都市を再生する』日本経済新聞社，2004年

第8章
生涯学習への支援と学習成果の評価と活用

❏ 本章の要点

　生涯学習への支援は，学習者の個別の学習活動への適切な対応ということができる。学校が知識注入型の学びとすれば，生涯学習は個々の課題解決に向けた学びであり，そうした学習の支援として図書館および博物館は資料の提供が学習支援であり，さらには各施設で展開しているレファレンス事業も学習支援である。

　それぞれの学習成果は課題解決がなされることであり，課題解決されることは利用者の満足度を高めることであり，成果は社会に還元される。利用者の評価に繋がることでもある。

第1節　学習支援の実態

　第7章で，まず社会教育と学校教育との「学び」の大きな差異について述べたが，その中でも博物館と図書館は集団型ともいえる学校教育とは違って，あくまでも個人的な学習の要求から始まっている点が大きな特色である。学ばせたい学習ではなく，学びたいことを支援する自発的学習に対する学習環境の整備がその大きな役割である。

　生涯学習は学校教育とは違って「教える人」と「教えられる人」という学校の教師と生徒の関係性がないのである。自発的・自主的な学習を側面から支援するという関係である。学校の教師が教える立場となるためには，教える内容の一定水準以上の知識と技術を習得したうえに教育専門職としての素養も求められることは周知のことである。では，生涯学習に関わる学習支援者はどうで

あろうか。現状では一般的に，教師に対して求められているような知識や技術さらには素養は，生涯学習での学習支援者には求められていない。それは，自発的・自主的な学びは誰からも介入されずに自らが学び方を開拓するべきとの考え方が根底にあることが一因と考えられる。しかしながら，自らが主体的に「学ぶ」という能力の獲得には，そのような能力を獲得できるようにするための学習支援が必要なのである。そこに主体的，自発的に学ぶことを支援できる学習支援者の必要性が存在する。また，当然のことながら学習支援者の専門性は単純比較はできないことであったとしても，学校の教師同等もしくはそれ以上の専門性が要求される。

　図書館にあっては，従来から図書館司書を学習支援者として意識することはなかったが，近年は課題解決型の学習に関心が高まり，図書館司書が学習支援者として位置づけされつつある。また，「ユネスコ公共図書館宣言 1994 年」において「あらゆる段階での正規の教育とともに，個人的および自主的な教育を支援する。」という活動も公共図書館の使命として確認された。1990 年前後を境として，コンピュータの普及により，図書館の分類カードによる職人技の職務がコンピュータにとって代わられたように，図書館を取り巻く環境の激変も新たな図書館員の役割に少なからず影響を与えている。中小レポートでの「貸出し」と「児童サービス」に力点を置いたサービスだけでなく，多様なサービスへの広がりを見せている中で，学習支援の活動の目的が学習支援を受けた後の延長線の姿（成果）にあることが意識されている点も指摘できる。

第 2 節　学習成果の評価

　学習成果の評価は事業を進めるうえで不可欠な点である。事業の目的に対してどこまで達成できたか，あるいは課題はどこにあるのかを把握しない限り事業の長期および短期の計画は有り得ない。学習支援活動の実施とその事業による結果の評価の視点が必要なことはいうまでもない。しかしながら，学校教育のような定型化した教育活動と社会教育活動の評価を同一視するには無理がある

こ016事実である。つまり、学習成果に対する評価は学校教育と社会教育では評価の視点が異なる。学校教育では試験（客観テスト）等による学習者の学習到達度が重要視され、評価する側は学習者というより教師である。社会教育では学習者が主催者（行政等）を評価する。全く逆であり、すなわち評価の方法も異なる。

しかしながら、これは双方からの評価の視点を絶えずもつ姿勢が必要なことである。

大まかにいえば、社会教育の学習支援には2つの評価の視点をあげることができる。

まず、第一には、学習支援のための事業への取り組みとその結果としてのインプットとアウトプットの関係性についてである。第二には、事業を受けた側の利用者の満足度の充足についてである。前者が事業推進上の手順や方法、さらには内容という支援する側の学習支援のプロセスと支援の内容や質に対する評価であり、後者は支援を受けた側の個々の学習の目的の達成に対しての評価となる。もちろん、それぞれ異なる特徴をあげることができる。前者は主にいわゆる品質管理のPDCAサイクルのあり方に近い改善に向けての客観的な営みとしての評価も可能である。後者は個人の目標の達成度は極めて個人的で主観的な評価となりやすく、単純な評価は困難でもある。要は最終的な社会教育の学びの到達点と密接な関係にあり、個々の目標とする水準にどれくらい達することができたかということである。

第3節　学習を支援する施設の評価

コンプライアンスの観点から、図書館法や博物館法に掲げる事業の具現化をいかに実施しているかどうかを項目ごとに評価することも重要である。しかしながら、現状では図書館法や博物館法に掲げらた事業がすべて実施されているとは言い難い状況にある。総論として図書館法や博物館法は受け入れられたとしても、各条の各項目への各図書館及び博物館の対応にあっては法理念と現場での浸透には隔たりがある。

① **図書館の評価**

　図書館法第3条では「図書館は，図書館奉仕のため，土地の事情及び一般公衆の希望に沿い，更に学校教育を援助し，及び家庭教育の向上に資することとなるように留意し，おおむね次に掲げる事項の実施に努めなければならない。」と謳っているが，土地の事情や一般公衆の希望に沿って活動をしているかの評価の観点としては，土地の事情を色濃く反映する郷土資料・地域資料や一般公衆の希望に沿った利用者のリクエスト等の扱い方，住民の声を反映した図書館運営のシステムの状況等がある。

　第3条の一から九までを具体的にみてみると，

　「一　郷土資料，地方行政資料，美術品，レコード及びフィルムの収集にも十分留意して，図書，記録，視聴覚教育の資料その他必要な資料（電磁的記録（電子的方式，磁気的方式その他人の知覚によつては認識することができない方式で作られた記録をいう。）を含む。以下「図書館資料」という。）を収集し，一般公衆の利用に供すること。」に関しては，郷土資料，地方行政資料，美術品，レコードおよびフィルム，図書，記録，視聴覚教育の資料，電磁的記録のそれぞれの資料を各館が収集するための規則，規定を定めたうえで実際に収集の意思をもって収集を実施しているかが評価のポイントである。

　「二　図書館資料の分類排列を適切にし，及びその目録を整備すること。」に関しては，分類排列を適切にし，目録を整備するのは誰のためにするのかが見失われていないかどうかが評価のポイントである。

　「三　図書館の職員が図書館資料について十分な知識を持ち，その利用のための相談に応ずるようにすること。」に関しては，図書館資料について十分な知識と利用のための相談が経験豊富な館員によって現実的にレファレンス事業として確立したうえで実施できているかが評価のポイントである。

　「四　他の図書館，国立国会図書館，地方公共団体の議会に附置する図書室及び学校に附属する図書館又は図書室と緊密に連絡し，協力し，図書館資料の相互貸借を行うこと。」に関しては，他の図書館と緊密に連絡し，図書館資料の相互貸借を行えるようなネットワークが形成されて，実際に運用される物流

システム体制等が整備されて運用されているかどうかがポイントである。

「五　分館，閲覧所，配本所等を設置し，及び自動車文庫，貸出文庫の巡回を行うこと。」に関しては，本館以外の分館，閲覧所，配本所等の複数のサービス拠点が自治体の規模に応じて存在して実際に活動していることが評価のポイントである。

「六　読書会，研究会，鑑賞会，映写会，資料展示会等を主催し，及びこれらの開催を奨励すること。」に関しては，現実的に各図書館が読書会，研究会，観賞会，映写会，資料展示会をいずれも定例化した図書館事業に位置づけがされて，ホール等の専用の催事空間が整備されたうえで実施しているかどうかが評価のポイントである。

「七　時事に関する情報及び参考資料を紹介し，及び提供すること。」に関しては，リアルタイムな時事に関する判断材料の情報を恒常的に提供しているかどうかが評価のポイントである。

「八　社会教育における学習の機会を利用して行つた学習の成果を活用して行う教育活動その他の活動の機会を提供し，及びその提供を奨励すること。」に関しては，博物館活動等の調査研究活動から得られた学習成果の発表機会を提供する等の支援活動にも取り組んでいるかどうかが評価のポイントである。

「九　学校，博物館，公民館，研究所等と緊密に連絡し，協力すること。」に関しては，学校，博物館，公民館，研究所等との連携のための会合等が定例的に開催されて連携事業が実際に実施されて恒常的な取り組みになっているかが評価のポイントである。

図書館の評価は，一般的には人口1人当たりの年間貸出し冊数が主な評価尺度として既に定着している。しかしながら，多様な観点から図書館を評価することも大切である。実際の評価も各館で様々な評価項目に従って実施されている。和歌山県立図書館の評価項目を次表8.1のとおり紹介する。この評価項目では，前年度と対比しながら評価している点や目標に対しての達成度も数値で示すように工夫していることがうかがえる。

表8.1 和歌山県図書館の評価シート例 一部抜粋

平成27年度 図書館評価シート 和歌山県立図書館(平成27年6月末現在)

評価項目	指標項目	<参考> 過去3年間の状況 H24年度実績値	H25年度実績値	H26年度実績値(A)	H27年度の目標 目標値(B)	H26年度実績値に対する比率(B/A)	H27年度の状況 H27年度実績値(C)	H25年度実績値に対する比率(C/A)	H27年度目標達成率%(C/B)	評価	備考
1 サービスの充実に関して(情報の提供等含む)											
	① 入館者数	459,601	437,837	408,965	411,000	100.5%					全国19位(25年度実績)
	② 貸出冊数	512,801	561,331	557,265	562,500	100.9%					全国11位(25年度実績)
	③ 貸出人数	139,204	128,549	129,593	133,000	102.6%					
	④ レファレンス件数	40,338 (22,601)	41,970 (11,792)	41,152 (22,453)	42,500 (22,600)	103.3%					注)( )は書庫出納件数(内数)
	⑤ コピー枚数(マイクロフィルム含む)	47,346	47,565	34,413	35,300	102.6%					
	⑥ ホームページアクセス数	113,335	124,918	218,089	220,000	100.9%					
	⑦ 展示(情報発信に関するもの)	58	59	69	78	113.0%					
	⑧ 報道機関等への資料提供数	59	49	52	59	113.5%					注)広報への資料提供件数(県民の友、きら等含む)

○現状
・貸出人数、展示、報道機関への資料提供は増加したが、入館者数、貸出冊数、レファレンス、コピー枚数は減少となった。ホームページアクセス数については、平成26年1月の更新に合わせ、カウント数の集計項目を変更したため、大幅な増加となっている。(本館)
・レファレンス件数、展示は実績値が増加した。一方、入館者数、貸出冊数、新規登録者数が減少し、貸出人数は横ばい状態である。(紀南)

○27年度目標達成のための改善点及び取組等
○人口減少、情報取得方法の多様化などの情勢を鑑み、入館者数、貸出人数等が現状を下回らないように各コーナーの展示内容やパスファインダーの充実を図るなど、図書館の利用促進に向けた事業を実施する。(本館)
・企画展示やレファレンス等を充実させることにより利用者目線に立った図書館運営を行い、利用者(入館者及び新規登録者)の増加に取り組む。また、周辺4市町人口に対する利用券登録者の割合25%を3年間の数値目標とする(現状22.9%)。(紀南)
・利用者から要望に応えるため、郷土資料の貸出を部分的・段階的に進めていく。(紀南)

「1 サービスの充実に関して」の全体評価 【   】
○達成状況等 【A(%) B(%) C(%)】

○課題及び改善点

平成27年度 図書館評価シート 和歌山県立図書館(平成27年6月末現在)

評価項目	指標項目	<参考> 過去3年間の状況 H24年度実績値	H25年度実績値	H26年度実績値(A)	H27年度の目標 目標値(B)	H26年度実績値に対する比率(B/A)	H27年度の状況 H27年度実績値(C)	H25年度実績値に対する比率(C/A)	H27年度目標達成率%(C/B)	評価	備考
2 資料の収集及び保存に関して											
	① 蔵書冊数	904,382	928,579	952,245	974,985	102.4%					全国20位(25年度実績)
	② 特色ある資料の状況	205,341	211,700	218,212	223,092	102.2%					
	・郷土資料冊数	81,920	83,882	85,830	87,400	101.8%					
	・児童書	123,421	127,818	132,382	135,692	102.5%					
	③ 受入資料冊数	25,287	24,476	23,939	22,740	95.0%					全国10位(25年度実績)
	・購入資料冊数	20,858	20,613	19,884	18,740	94.2%					
	・寄贈資料冊数	4,429	3,863	4,055	4,000	98.6%					

○現状
・平成26年度の受入資料冊数では、目標値を上回ることはできなかったが、他の項目では、目標値を上回ることができた。(本館)
・平成26年度の資料の収集及び保存に関しての項目では、郷土資料冊数を除く他のすべての項目で、目標値を上回ることができた。(紀南)

○27年度目標達成のための改善点及び取組等
・県政の課題解決に役立つ基本資料の収集や和歌山県に関する資料を網羅的に収集する。特に「人権」「仕事」「防災」「がん」「子育て」関連資料や国体、時事問題に関する資料も収集する。(本館)
・児童資料は、調べ学習や大型絵本、シリーズ本、良質な絵本や児童書やヤングアダルト(中高生)資料を収集する。(本館・紀南)
・貸出文庫資料は、小学校、中学校、幼稚園、保育所などに対する団体貸出や協力貸出のため、絵本や読み物、授業に使用できる調べ学習の図書なども収集する。(本館・紀南)

「2 資料の収集及び保存に関して」の全体評価 【   】
○達成状況等 【A(%) B(%) C(%)】

―以下略―

(出所) 和歌山県立図書館ホームページより

② 博物館の評価

　博物館法第3条では，博物館の事業を下記のように定義しているが，「いつでも」「誰でも」「どこでも」という生涯学習の評価の観点から各項を具体的に見ていくと，

「一　実物，標本，模写，模型，文献，図表，写真，フィルム，レコード等の博物館資料を豊富に収集し，保管し，及び展示すること。」に関しては地域の実情に沿った館としてのテーマがあって収集方針や展示企画が総ての住民を利用対象とした内容になっているかが評価のポイントである。

「二　分館を設置し，又は博物館資料を当該博物館外で展示すること。」に関しては当該自治体の地域事情や交通事情を意識した当該地域全体への配慮があるかどうかがポイントである。

「三　一般公衆に対して，博物館資料の利用に関し必要な説明，助言，指導等を行い，又は研究室，実験室，工作室，図書室等を設置してこれを利用させること。」に関しては館の活動を展示だけに留めず利用者の質問や自発的な学習への参加の対応が可能な体制であるかどうかが評価のポイントである。

「四　博物館資料に関する専門的，技術的な調査研究を行うこと。」に関しては学芸員の各分野の各種研修機会への参加が保証されているかどうかが評価のポイントである。

「五　博物館資料の保管及び展示等に関する技術的研究を行うこと。」に関しては館の運営に必要な最新の技術的な研究を行える環境が整備されているかどうかが評価のポイントである。

「六　博物館資料に関する案内書，解説書，目録，図録，年報，調査研究の報告書等を作成し，及び頒布すること。」に関しては総ての住民が利用可能な平易な文章も含めた配慮がされているかどうかが評価のポイントである。

「七　博物館資料に関する講演会，講習会，映写会，研究会等を主催し，及びその開催を援助すること。」に関しては特定の利用者層向けの内容で

なく，各種の水準から構成された計画の下であらゆる層を想定した内容の配慮がされているかが評価のポイントである。

「八　当該博物館の所在地又はその周辺にある<u>文化財保護法</u>（昭和二十五年法律第二百十四号）の適用を受ける文化財について，解説書又は目録を作成する等一般公衆の当該文化財の利用の便を図ること。」に関しては当該自治体の文化財の所在等の内容を理解できる刊行物が準備されているかが評価のポイントである。

「九　社会教育における学習の機会を利用して行つた学習の成果を活用して行う教育活動その他の活動の機会を提供し，及びその提供を奨励すること。」に関しては，年間の回数や年々そうした機会が増加傾向にあるかどうかが評価のポイントである。

「十　他の博物館，博物館と同一の目的を有する国の施設等と緊密に連絡し，協力し，刊行物及び情報の交換，博物館資料の相互貸借等を行うこと。」に関しては実際に連携した実績や他館の刊行が利用者が利用できる体制があるかどうかが評価のポイントである。

「十一　学校，図書館，研究所，公民館等の教育，学術又は文化に関する諸施設と協力し，その活動を援助すること。」に関しては利用者の調査相談時においても諸施設からの支援体制があるかどうかも評価のポイントである。

これらの各評価の観点に加えて，

第三条２項の「博物館は，その事業を行うに当つては，土地の事情を考慮し，国民の実生活の向上に資し，更に学校教育を援助し得るようにも留意しなければならない。」という点は言うまでもないが重要なミッションである。

　また，経営の観点から入館者数・各利用数を評価項目の最優先項目とすることも大切である。利用されている事実は住民の活動の浸透を示すうえでの尺度としても理解が得やすいし，公的施設であれば利用率の高さは税金の還元としても説得力をもつ。要は評価の視点をどこに置くかが鍵といえる。

一方で社会教育法等の一部を改正する法律案に対する附帯決議（2008年5月23日衆議院文部科学委員会）がなされ，社会教育施設の評価に関して「公民館，図書館及び博物館が自らの運営状況に対する評価を行い，その結果に基づいて運営の改善を図るに当たっては，評価の透明性，客観性を確保する観点から，可能な限り外部の視点を入れた評価となるよう，国がガイドラインを示す等，適切な措置を講じるとともに，その評価結果について公表するよう努めること。」との決議内容や法改正により，評価がそれまで以上にクローズアップされた。
　ここで，実際の図書館活動や博物館活動の評価の例を紹介することにする。
　博物館の評価は法律が改正された2008（平成20）年以降活発になっている。
　日本博物館協会は，2008（平成20）年度に，国内の博物館における評価導入の実態調査を行い，国内の博物館の1,044館からの回答結果を報告している。この報告書[1]では，博物館の評価を以下のように区分している。
　①館主体の評価：博物館が主体になって実施する評価
　　ⅰ　自己評価：評価者は主に当該博物館の職員
　　ⅱ　外部評価：評価者は主に博物館の外部者
　　ⅲ　第三者評価：評価者は主に博物館の外部者で，さらに評価内容の決定についても外部者の関与度が極めて高い。
　②設置者評価：博物館設置者が主体になって実施する評価
　以上のように，評価する側の立場を変えて評価を行っている。いずれにしても，このような評価であろうとより客観的な評価が求められる。また，博物館が円滑に機能するためにはPDCAサイクルの考え方に立てば，現状の改善の第一歩として評価は欠かせない。
　博物館の主要な活動は，資料の収集，資料の保存，調査・研究，教育普及が主なものであるが，実際に博物館が活発に活動するためには適切な運営管理のシステムが欠かせない。博物館の諸機能が円滑に働き，博物館活動が充実するために日本博物館協会が自己点検項目としてA館長・館の経営責任，B利用者・市民・地域との関係，C展示，D教育普及，E学芸員・一般職員，F調査研究，G資料・コレクション，H施設・アメニティに8区分して110項目にわたって

示した点検項目を，表8.2のとおり具体的に示しているので紹介する。

表8.2 「博物館自己点検システム Web 版」点検項目

＜館長・館の経営責任＞
A01：館と設置者の間の連絡調整を定期的に行っている。
A02：館の使命（設置目的や基本理念）をわかりやすい言葉で明文化している。
A03：館の使命（設置目的や基本理念）を来館者用リーフレット，ホームページ，広報誌などに掲載している。
A04：館長の身分は，常勤である。
A05：館長は，人事（上申権の場合も含む）・財務・事業など，館の経営全般にわたる権限を有している。
A06：館の事業や業務に関して，意思決定のための会議を定期的に開いている。
A07：館として中長期的な経営目標（設置者が認知・了解しているもの）を定めている。
A08：経営目標を達成するために年度毎の経営計画を立てている。
A09：事業面，管理運営面など全般にわたる自己評価を実施している。
A10：事業面，管理運営面など全般にわたる外部評価を実施している。
A11：中長期の財務計画を策定している。
A12：自己収入額，自己収入比率の少なくともどちらか一方について目標を設定している。
A13：館の活動に関係する法令・条約・倫理規程をすぐに参照できるところに置いている。
A14：年報，要覧やインターネットを通して，事業実績や目標の達成状況，財務など，館の運営状況を公開している。
A15：職員の志気を向上させるために，目標管理，提案制度，報奨制度，自己申告制度などの仕組みを設けている。
＜利用者・市民・地域との関係＞
B01：館として，広報宣伝計画を策定している。
B02：館のホームページを開設し，掲載内容を適時・適切に更新できる体制をとっている。
B03：館の広報誌（ニュース・レターなど）を発行している。
B04：来館者の実態や来館者数の動向を把握するための調査を実施している。
B05：来館者数に目標を立てている。
B06：館の利用実態や動向，利用のニーズを知るために，館利用に関するアンケートやモニター調査を実施している。
B07：高齢者に対する配慮として，入館料の割引（無料を含む）を実施している。
B08：障害者に対する配慮として，入館料の割引（無料を含む）を実施している。
B09：「友の会」を設置している。
B10：「ボランティア制度」を導入している。
B11：サークル，ＮＰＯなどと関わるなかで，市民が館の事業に参画する機会を設けている。
B12：「博物館協議会」などを通じて市民に，館の運営に参画してもらっている。
B13：地域と連携するための方針・計画を，館として策定している。
B14：地元の企業・団体（商工会，商工会議所など）と協賛・協力し，事業を実施している。
＜展示＞
C01：展示方針を策定し，計画的に展示を行っている。

C02：常設展示は定期的に更新している。
C03：アンケートを実施するなどして，観覧者の満足度を把握している。
C04：展示について，観覧者数の目標を設けている。
C05：展示図録やガイドブックを作成・配布（販売）している。
C06：館の専門スタッフ（学芸員など）による展示の案内・解説を，曜日や時間を決めて定期的に実施している。
C07：ボランティアによる展示の案内・解説を，曜日や時間を決めて定期的に実施している。
C08：館内の案内表示を外国語で行ったり，外国語による案内パンフレットを作成したり，外国人向けの館内案内を行っている。
C09：特別展・企画展の図録を刊行している。
C10：参加体験型の展示を導入している。
C11：展示室内に看視員や監視カメラを配置している。
C12：展示品の点検を曜日や時間を決めて定期的に行っている。
C13：展示品の展示環境について温湿度や光量を管理している。
C14：展示機器を定期的に点検するとともに，故障があった場合に迅速・適切に対応できる体制を整えている。
C15：特別展・企画展などの記録・報告書を作成している。

＜教育普及＞
D01：教育普及活動を，策定した方針のもとに計画的に行っている。
D02：アンケートを実施するなどして，教育普及活動への参加者の満足度を把握している。
D03：教育普及活動について参加者数の目標を設けている。
D04：質問・相談・問い合わせの窓口を利用者に向けてはっきり示している。
D05：来館しないでも質問・相談・問い合わせのできる体制（電話・ファックス，手紙，インターネットの活用など）を整えている。
D06：博物館の利用方法についての講座，学芸員の仕事を体験する講座，バックヤードツアーなど，館の利用を支援する教育普及活動を実施している。
D07：来館者用の図書・情報コーナー（室）を設けている。
D08：出張・移動活動（アウトリーチ活動）を行っている。
D09：学校の利用に備えて，プログラムを準備したりスタッフを用意したりしている。
D10：団体利用の児童・生徒に対して，館としてオリエンテーションを行っている。
D11：学校の教員向けの利用説明会や研修会を行っている。
D12：博物館実習の実習生を受け入れている。
D13：インターンシップの学生を受け入れている。
D14：教育普及活動に関して活動の記録を作成している。

＜学芸員・一般職員＞
E01：常勤の学芸員が配置されている。
E02：学芸員を専門職として採用している。
E03：学芸に関わる職員の採用にあたって学芸員資格を要件としている。
E04：学芸員について，人事異動や人事交流を行っている。
E05：学芸員を幹部職員（館長，副館長，部課長）に登用している。
E06：他館や他機関が主催する研修に，学芸員を派遣・参加させている。

E07：学会の大会や他館・他機関主催の研究会に学芸員が参加することを，館の業務として認めている。
E08：展示や教育普及，調査研究，保存など学芸員の活動の成果を，館として，刊行物等で公開している。
E09：学芸系の職員のほかに常勤の職員が配置されている。
E10：学芸系ではない職員を対象にした研修を，館として実施している。

＜調査研究＞
F01：館として，調査研究の方針・計画を策定している。
F02：調査研究のための予算措置を行っている。
F03：館として専門誌・専門書を購入したり機材・器具を設備したり，調査研究を進めるための環境整備を行っている。
F04：学芸系職員の勤務時間・職務内容について，調査研究の遂行のための配慮を加えている。
F05：収集している資料と関連する学問分野について，調査研究に取り組んでいる。
F06：資料の管理・修復・保存，展示・教育普及活動の理論や方法，博物館経営など，博物館学分野での調査研究に取り組んでいる。
F07：地域への貢献を視野に，館が所在する地域や地域の資料について，調査研究に取り組んでいる。
F08：調査研究の経過・成果を紀要や報告書などで外部に公表している。
F09：他館や他研究機関と共同研究を行っている。

＜資料・コレクション＞
G01：館として資料収集の方針を策定している。
G02：法令，条約，倫理規程などを遵守して資料収集するために，館としてガイドラインを策定している。
G03：資料の出所・来歴の妥当性，真贋などの検討を外部の専門家を含めて行い，その助言を得て資料の購入・受入れを決定している。
G04：収集した資料のうちの7割以上を資料台帳に登録している。
G05：収蔵資料のうちの7割以上について資料情報を記録している。
G06：収蔵資料のうちの7割以上の資料について所在を正確に確認できている。
G07：未整理資料について整理の計画を立てている。
G08：温湿度・光量の管理が必要な資料のうちの半分以上の資料について，必要とされる管理を行っている。
G09：総合的有害生物管理（IPM）の考え方に基づき，日常的に虫菌害の予防措置をとっている。
G10：少なくとも主要な資料については，定期的に資料の状態に関する点検を行っている。
G11：資料の修復を計画的あるいは必要に応じて行っている。
G12：収蔵資料の7割以上を記載した資料目録を整備している。
G13：資料目録を公開している。
G14：資料目録の7割以上をデジタル化している。
G15：資料情報の追加・更新を，適宜，あるいは定期的に行っている。
G16：資料の貸出しを認めると同時に，規定・手続きを整備している。

＜施設・アメニティー＞
H01：施設の維持・改善について中長期計画を策定している。
H02：最低限，主要な建物については，耐震対策を行っている。
H03：展示室や収蔵庫など建物内の設備について，何らかの耐震対策を行っている。

H04：危機管理マニュアルを整備している。
H05：防災・防犯・救急・救命訓練を定期的に実施している。
H06：不慮の事故などに備えて保険に加入している。
H07：バリアフリー化について，改善が必要な個所を把握するための自己点検を実施している。
H08：案内表示に関して，できる個所から，または計画的に改善を行っている。
H09：来館者の動線に関して目視調査などによって現状を把握し，必要な改善を行っている。
H10：来館者用の駐車場を，一般来館者用，障害者用，ともに用意している。
H11：休憩コーナーを設置している。
H12：喫茶コーナー・レストランを設置している。
H13：展示図録やガイドブック，教材など，館の活動を，直接，案内・紹介する物品を販売している。
H14：館が開発したオリジナル商品を販売している。
H15：利用実態に応じて開館時間を延長したり夜間開館を行ったり，開館時間の設定の見直しを行っている。
H16：接遇のための職員研修（委託業者職員の研修を含む）を，必要に応じて，あるいは定期的に実施している。
H17：利用者からの苦情や要望への対応手順を定めている

（出所）日本博物館協会「『博物館自己点検システム Web 版』開発の経緯と方法，システムの構成」より一部抜粋

第4節　学習成果の活用

　1999年6月の生涯学習審議会答申では「学習成果を幅広く生かす」と述べられているが，すべての学習は個人的な学習であっても最終的には成果を社会に還元すべきものであるし，現実的にも各般にて還元されている。社会がさまざまな糸で結ばれすべてが関連し合っていることを考えれば当然のことである。そうした学習の成果が具体的に活用された事例を紹介したい。第1章の山本作兵衛の炭鉱労働画という作品の誕生とユネスコの世界記憶遺産登録の認定も学習成果が幅広く活かされた例である。また，アフリカの南東部のマラウイの少年が旱魃で家計が苦しくなり中学校を休学している時に図書館に出会い，風力発電の本に遭遇し，独学で風力発電の装置を自ら作り電気のない村に電気を灯した話は有名である。これも学習成果の活用の例である。さらには74歳にして初めて絵の具に出会って，生涯の身の回りの出来事を図書館の支援を受けて紙粘土細工で表現してさまざまな昭和の市井の暮らしを再現した，大分県豊後

大野市の後藤絹の紙粘土は死後も伝承施設に展示されている。

　これらの事例は，図書館が介在した例である。最初は個人的な興味関心から学習が始まったものではあるが，学習の深まりと状況に応じた支援によってさらに社会的な意味を帯び成果が社会に還元された例でもある。これらは図書館の活動と縁が深く，図書館が存在しなければ，それぞれの成果は生まれなかったと考えられる。しかし，日常の図書館利用で考えてみても，学習の成果と活用例は枚挙に暇がない。たとえば，図書館所蔵の時刻表と地図で旅行計画書を作り旅行を実施するのも学習と成果の活用の例である。これらも図書館に資料があって実現することであるのは当然だが，評価の観点からいえば，こうした資料を揃えることの条件整備がされた結果である。逆にいえば，結果を想定した資料群の形成によって新たな活用に繋がることは充分に有り得ることである。そこに図書館司書の専門性が見出され，図書館という施設が信頼を勝ち取ることに繋がる。

　また，博物館等の学習成果の活用例をあげれば，滋賀県の米原市の郷土資料館では住民が地域の伊吹山麓の自然や歴史文化資源を学習し，その研究成果を常設展示や企画展示，さらには博物館事業に活かしている例や，平塚市博物館での身近なタンポポの生息状況を市民が学習し展示に活かした活動例等がある。

　このような例からも，学習の支援により，その成果が果実となって社会に還元される。その成果が学習を支援する施設への評価となる。その繰り返しにより，施設はさらに充実していく。著名なインドの図書館学者のランガナタンのいう"図書館は成長する有機体である"という言葉に通じるのである。

注
(1) 日本博物館協会『博物館評価制度等の構築に関する調査報告書』2009年

　考えてみよう・調べてみよう
　1. 博物館と図書館の利用者の満足度について考えてみよう。
　2. 社会教育施設の学習成果の還元について考えてみよう。

読書案内

まちの図書館でしらべる編集委員会編『まちの図書館でしらべる』柏書房，2002年

第9章
社会教育施設・生涯学習関連施設の管理・運営と連携

❏ 本章の要点

わが国を代表する社会教育施設である公民館，図書館，博物館の歩みを概観すると各施設間の展開は全く違っている。公民館は1949年公布の社会教育法の中に位置づけられ，図書館は1950年に図書館法として，博物館は1951年に博物館法として，それぞれ単独法が公布された。各法のコンプライアンスは重要な意味をもつ。また，社会教育施設は生涯学習の拠点として重要な役割を担っている。公民館，図書館，博物館以外にも生涯学習を推進する施設が数多く存在する。

第1節　生涯学習の拠点施設

生涯学習の拠点として社会教育施設をあげることができる。では，社会教育施設とは一体どんなものを指すのかといえば，わが国を代表する社会教育施設として公民館，図書館，博物館の3施設が想起される。しかし，社会教育法などで規定されている公民館，図書館，博物館は当然のこと，社会教育行政の範疇にある施設も含まれる。こうした施設を国および地方自治体は社会教育・生涯学習を推進するために，それぞれの責務として設置している。一方で，本来は生涯学習を主たる目的として設置されてはいないが，研修施設，学校施設等で社会教育・生涯学習の推進に寄与している施設も存在する。また，教育的意図がある施設として考えて民間施設も含めると生涯学習に関連する施設は膨大な数となる。そうしたことからも，生涯学習の多様性を窺い知ることができる。しかしながら，多様性のゆえに生涯学習の焦点が薄れるという現実もある。そ

のことが生涯学習の進展を阻む壁でもある。

第2節　公民館，図書館，博物館の現況

ここでは日本の代表的な社会教育施設である公民館，図書館，博物館の3施設に限定して紹介することにする。

公民館，図書館，博物館は戦後間もなく法的根拠を得た。1949年の社会教育法に公民館が位置づけられ，1950年に図書館法，1951年に博物館法がそれぞれ制定された。多少前後するが同時期のスタートとなった。生涯学習の重要な拠点施設でありながら誕生から今日までの歩みは，表9.1が示すように量的にも決して一様とはいえない。

表9.1　社会教育施設数の推移

年	公民館	図書館	博物館	
1955	35,352	742	239	公立 91
1960	20,201	742	273	公立 129
1963	19,410	810	294	公立 150
1968	13,785	825	338	公立 150
1971	14,249	917	375	公立 164
1975	15,752	1,066	409	公立 186
1978	16,452	1,200	493	公立 222
1981	17,222	1,437	578	公立 269
1984	17,520	1,642	676	公立 324
1987	17,440	1,801	737	公立 354
1990	17,347	1,950	799	公立 387
1993	17,562	2,172	861	公立 423
1996	17,819	2,396	985	公立 518
1999	18,257	2,593	1,045	公立 548
2002	18,819	2,742	1,120	公立 607
2005	18,182	2,979	1,196	公立 667
2008	16,566	3,165	1,248	公立 704
2011	15,399	3,274	1,262	公立 724

（出所）文部科学省「社会教育調査」をもとに筆者作成

社会教育法第3条には「国及び地方公共団体は、この法律及び他の法令の定めるところにより、社会教育の奨励に必要な施設の設置及び運営、集会の開催、資料の作成、頒布その他の方法により、すべての国民があらゆる機会、あらゆる場所を利用して、自ら実際生活に即する文化的教養を高め得るような環境を醸成するように努めなければならない。」とあり、自治体の努力義務が示されている。しかしながら、各法が制定されてすでに70年近くが経過しているが、各自治体間の格差と各施設間格差が存在する。社会教育施設の普及は決して平坦ではない。すべての国民が日常的に生涯学習を進める拠点施設の不備は、学校教育施設と比較しても明らかである。

第3節　公民館の管理運営

公民館は、戦後、当時の文部省公民教育課長だった寺中作雄によって構想され、1946年の公民館設置を促す文部次官通牒により設置が促進され、1949年に社会教育法に拠って法的な根拠を得る。それは、他の国には見られない日本独自の施設の誕生でもあった。

社会教育法に公民館の位置づけが明記されているものの、その後に制定される図書館法や博物館法が単独法であるのに対して、公民館は社会教育法の中に位置づけられている点が特徴である。こうした点から、社会教育法が公民館法として誤解されやすいことも課題である。

公民館の目的は社会教育法第20条で「公民館は市町村その他一定区域内の住民のために、実際生活に即する教育、学術及び文化に関する各種の事業を行い、もって住民の教養の向上、健康の増進、情操の純化を図り、生活文化の振興、社会福祉の増進に寄与することを目的とする。」と謳われて活動の幅も広い範囲の内容となっている。また、社会教育法第21条では設置者として「公民館は、市町村が設置する。」と定められている。特筆事項として博物館や図書館とは明らかに違って「一定区域内の住民のため」というように管轄の範囲を限定している市町村中心主義が貫かれているのである。都道府県立の公民館

が存在しないのは，こうした法律の規定によることからでもある。そして，同法第22条には公民館の事業として，以下があげられている。

　一　定期講座を開設すること。
　二　討論会，講習会，講演会，実習会，展示会等を開催すること。
　三　図書，記録，模型，資料等を備え，その利用を図ること。
　四　体育，レクリエーション等に関する集会を開催すること。
　五　各種の団体，機関等の連絡を図ること。
　六　その施設を住民の集会その他の公共的利用に供すること。

　この6項目が事業として同法に謳われたが，公民館の性格や位置づけが曖昧な点が多いことも指摘できる。

　それらに加えて，同法第27条には公民館の職員として「公民館に館長を置き，主事その他の職員を置くことができる。」という職員の配置に関しても，博物館における学芸員や図書館における司書といった専門的業務に関わるという職務内容を記した呼称が明記された専門職名も見当たらない。1957年には，主事を付け加えたものの資格規定がないことから，一般行政職名の主事と「公民館主事」との区別が曖昧であり，主事が専門的職務を司ると解釈されている状況ではない。現状では多くが行政事務と同等としての扱いである。

第4節　図書館の管理運営

　図書館の実際の運営に関しては，当然のことながら図書館法の具現化や国際的な動向や国，県，自治体の基準や方針を踏まえて活動が遂行される。ここでは「図書館法」「ユネスコの公共図書館宣言」，さらには国が定めた「図書館の設置及び運営上の望ましい基準」を紹介する。

　図書館は図書館法の第2条で，その定義がなされている。

　「図書館」とは，「図書，記録その他必要な資料を収集し，整理し，保存して，一般公衆の利用に供し，その教養，調査研究，レクリエーション等に資することを目的とする」施設である。

また，その活動内容は同法の第3条に，以下のように規定されている。

第8章でもみたが，「図書館は，図書館奉仕のため，土地の事情及び一般公衆の希望に沿い，更に学校教育を援助し，及び家庭教育の向上に資することとなるように留意し，おおむね次に掲げる事項の実施に努めなければならない。」とされているが，次の①〜⑨の内容である。

① 図書館が図書館であるための必要不可欠な図書館メディアの収集と提供の活動。
② 大量の図書館メディアにアクセスを容易にする目録と分類された配架。
③ 図書館メディアを熟知した司書による図書館メディアの利用相談への応対。
④ 図書館間の相互貸借への対応。
⑤ 対象地域全域へのサービス活動。
⑥ 読書会，鑑賞会，映写会，展示会等の各種の図書館行事の開催。
⑦ 時事の情報資料の提供。
⑧ 社会教育活動の成果の還元。
⑨ 各種機関との連携協力。

以上のように，一般的な図書館のイメージの本の貸借のみの活動というよりは広範な役割と機能が図書館には求められている。

また，世界的にはユネスコ公共図書館宣言1994年（UNESCO Public Library Manifesto 1994）が出され，各国の各図書館ではこの宣言に謳われている事項を意識した活動が共通認識されている。

その「公共図書館宣言1994年」がふれている内容の一部を以下に紹介する。

公共図書館の使命

情報，識字，教育および文化に関連した以下の基本的使命を公共図書館サービスの核にしなければならない。

1．幼い時期から子供たちの読書習慣を育成し，それを強化する。

> 2. あらゆる段階での正規の教育とともに，個人的および自主的な教育を支援する。
> 3. 個人の創造的な発展のための機会を提供する。
> 4. 青少年の想像力と創造性に刺激を与える。
> 5. 文化遺産の認識，芸術，科学的な業績や革新についての理解を促進する。
> 6. あらゆる公演芸術の文化的表現に接しうるようにする。
> 7. 異文化間の交流を助長し，多様な文化が存立できるようにする。
> 8. 口述による伝承を援助する。
> 9. 市民がいかなる種類の地域情報をも入手できるようにする。
> 10. 地域の企業，協会および利益団体に対して適切な情報サービスを行う。
> 11. 容易に情報を検索し，コンピューターを駆使できるような技能の発達を促す。
> 12. あらゆる年齢層の人々のための識字活動とその計画を援助し，かつ，それに参加し，必要があれば，こうした活動を発足させる。

 以上の12項目が公共図書館の使命として掲げられた。さらに，運営と管理として次の，事項も掲げられた。

> **運営と管理**
> * 地域社会の要求に対応して，目標，優先順位およびサービス内容を定めた明確な方針が策定されなければならない。公共図書館は効果的に組織され，専門的な基準によって運営されなければならない。
> * 関連のある協力者，たとえば利用者グループおよびその他の専門職との地方，地域，全国および国際的な段階での協力が確保されなければならない。
> * 地域社会のすべての人々がサービスを実際に利用できなければならない。それには適切な場所につくられた図書館の建物，読書および勉学のための良好な施設とともに，相応な技術の駆使と利用者に都合のよい十分な開館時間の設定が必要である。同様に図書館に来られない利用者に対するアウトリーチ・サービスも必要である。
> * 図書館サービスは，農村や都会地といった異なる地域社会の要求に対応させなければならない。

> * 図書館員は利用者と資料源との積極的な仲介者である。適切なサービスを確実に行うために，図書館員の専門教育と継続教育は欠くことができない。
> * 利用者がすべての資料源から利益を得ることができるように，アウトリーチおよび利用者教育の計画が実施されなければならない。

　これらの内容は図書館活動での世界的な活動指針となる内容であり充分に尊重すべき点でもある(全文は巻末に掲載)。

　さらに運営に関しては，2012(平成24)年9月24日に文部科学省から「図書館の設置及び運営上の望ましい基準」として基準が出された。

　これは，平成13年7月に文部科学省によって示された「公立図書館の設置及び運営上の望ましい基準」の改正である。

　改正内容としては，① 運営状況に関する評価と情報提供をすること，② ボランティア活動等の機会の提供。③ 図書館が地域の情報拠点として重要な役割を担うこと。④ レファレンスサービス等の充実。⑤ 管理を他者に行わせる場合の事業の継続的・安定的な実施を確保すること。⑥ 司書等の確保。⑦ 図書館資料に電磁的記録を含むこと。⑧ 郷土資料等の電子化等に関する規定等が追加された。

　規準はあくまでも規準であるが，図書館の設置及び運営上の望ましい基準の見直しについて「これからの図書館の在り方検討協力者会議」報告書・(平成24年8月)の目標規準例によれば，人口1人当たりの資料の貸出し点数の高いところは規準を様々な点で上回っていると指摘している。また，規準に到達していない館は「同規模自治体などと比較検討によって自己評価に活用し図書館運営の一層の発展に資することが望まれる。」とし，ここで示した数値を上回るサービスを展開している館は「さらに高い水準を目指して図書館サービスの充実を図ることが期待される。」としている。何にしても基準は重要な目安である。次表は目標規準例として「これからの図書館の在り方検討協力者会議」報告書で示されたものである。

　以上のように図書館法，ユネスコ公共図書館宣言1994年，図書館の設置及

目標基準例

この値は「日本の図書館2011」（日本図書館協会）をもとに同協会が作成したものであり、数値は、全国の市町村のうち各人口段階で貸出密度（住民一人当たりの貸出点数）上位10%の市町村の平均数値を算出したものである。ここで示した値を参考にしながら、各図書館においてそれぞれが選定した数値目標に係る数値目標を定め、現各利用可能資源（自治体などの比較指標を活用しつつ）、図書館運営の一層の充実に資することが望まれる。
なお、ここで示した数値を上回るサービスを展開している図書館にあたっては、さらに高い水準を目指して図書館サービスの充実を図ることが期待される。

「貸出密度上位の公立図書館整備状況2011」について （日本図書館協会事務局）

人口段階	~0.8万人	~1.0万人	~1.5万人	~2万人	~3.5万人	~4万人	~5万人	~6万人	~8万人	~10万人	~15万人	~20万人	~30万人	~30万人~	特別区	政令指定都市
1 図書館設置市町村数	113	46	96	106	136	145	97	87	107	108	77	49	38	53	23	19
2 対象市町村数	12	5	10	11	14	15	10	9	11	11	8	5	4	6	2	2
3 人口	5,145.3	8,749.2	13,141.6	17,363.9	25,998.1	33,982.5	45,669.0	54,689.4	64,346.6	85,089.0	124,208.9	175,034.6	242,405.3	397203.9	163,666.3	963,406.0
4 図書館数	1.0	1.0	1.2	1.2	1.4	1.6	1.7	2.3	3.0	3.0	4.6	6.2	8.8	5.5	7.7	17.5
5 図書館延床面積（m²）	904.8	684.2	1,349.2	1,395.2	1,850.1	2,433.5	3,373.8	3,371.4	4,389.5	4,184.4	7,397.8	6,357.0	10,370.9	11971.4	8,498.2	29,790.7
6 自動車図書館数（台）	1.0				0.3	0.6	0.8	1.0	1.0	1.0	1.0	0.5	1.0	1.8	-	-
7 専任職員数	0.9	3	1.6	1.5	2.6	4.7	4.5	7.6	10.1	10.5	20.2	33.2	33.3	44.3	30.7	126.0
8 うち司書	0.5	1.2	1.0	1.1	1.1	2.7	3.2	5.3	8.0	6.9	13.2	21.8	18.25	29.0	14.0	68.5
9 司書率	56.3	52.5	70.6	63.9	67.5	56.6	69.6	66.6	80.2	90.1	64.8	64.4	46.2	59.8	33.4	49.2
10 非常勤・臨時職員数	3.1	3.0	4.4	5.8	7.4	8.5	13.8	13.6	19.5	18.4	32.0	39.6	82.9	79.9	10.6	103.1
11 委託・派遣職員数	0.9	2.0	2.1	3.1	5.2	5.7	11.5	8.0	11.6	10.1	18.2	12.3	44.6	51.0	3.7	64.0
12 うち司書	1.5	0.0	1.6	1.5	1.6	1.4	1.5	1.4	2.7	8.5	3.9	4.9	15.8	8.3	120.9	82.5
13 うち司書	0.8	0.0	0.9	1.4	1.1	1.4	1.4	0.0	0.0	7.8	2.4	2.7	8.8	2.8	55.1	33.3
14 蔵書数	74,541.2	74,980.2	110,928.0	123,661.7	153,589.5	220,523.4	240,459.6	293,787.2	415,759.4	408,536.1	631,263.8	748,846.6	1,155,326.8	1257204.5	826,420.3	2,789,127.0
15 うち開架冊数	56,563.6	50,172.7	76,503.1	90,406.6	99,644.1	139,660.2	161,385.8	185,795.9	237,480.1	235,164.7	352,018.3	388,342.5	728,499.3	829793.0	584,934.7	1,936,282.0
16 図書年間購入冊数	3,161.5	4,840.8	5,678.8	6,848.5	8,752.7	10,200.3	11,962.7	13,216.5	13,216.5	19,393.6	23,926.9	40,780.8	47,236.0	47965.7	39,315.3	97,599.0
17 雑誌年間購入種数	70.6	53.8	92.4	143.8	131.2	176.2	201.2	232.7	261.8	319.0	381.4	608.4	878.5	930.0	851.7	2,015
18 新聞年間購入種数	7.4	6.8	9.3	10.4	10.5	14.1	17.1	19.1	24.5	33.8	36.5	57.0	79.0	67.8	85.7	233.0
19 貸出点数	9,285.1	5,602.8	10,513.2	18,678.5	20,711.0	36,010.5	32,478.2	29,090.5	53,266.8	50,544.0	63,934.6	83,892.0	111,956.3	226169.0	152,713.7	374,638.0
20 うち貸出点数	83,021.6	107,871.0	157,137.1	206,723.0	338,596.1	483,625.9	514,058.6	620,079.8	736,392.9	1,033,889.0	1,379,446.5	2,066,063.8	2,964,694.3	3910174.0	3,035,702.7	8,026,072.0
22 予約件数	16.8	12.5	12.0	12.0	13.0	14.2	11.2	11.4	11.5	12.2	11.0	11.8	12.1	9.8	18.2	8.0
23 図書費（経常費・千円）	2,856.8	1,736.8	4,449.8	5,559.1	11,221.8	20,443.9	20,487.5	28,623.3	64,107.3	74,554.4	166,836.9	434,503.8	379,045.8	676791.0	1,127,678.3	1,575,267.5
24 資料費（臨時予含む）・千円	19,647.4	15,588.6	29,347.5	25,829.1	45,910.6	58,269.1	60,689.6	62,764.1	99,195.1	130,387.3	173,939.5	305,272.2	452,488.8	438354.3	556,751.7	890,275.0
25 うち図書費	5,992.8	4,202.6	8,276.8	11,158.7	12,283.9	17,662.9	18,446.4	17,664.9	27,656.0	31,235.0	47,752.9	78,213.6	85,426.8	89232.2	78,835.0	262,187.0
26 うち図書費	4,202.8	2,450.6	6,488.4	8,652.2	8,555.0	12,974.6	11,414.4	12,546.6	18,096.8	20,209.8	35,923.7	61,869.2	57,329.3	64667.5	55,012.0	155,048.0
27 うち雑誌新聞費	986.4	834.2	1,237.1	1,812.0	1,445.4	2,426.5	2,449.1	3,016.0	3,592.5	4,537.9	8,224.8	11,379.6	12,740.7	11348.3	14,285.3	46,618.0
27 うち視聴覚費	409.7	159.8	379.6	840.4	701.6	960.5	892.2	1,255.0	1,131.3	3,474.8	992.1	3,225.8	2,565.7	3671.6	8,715.5	5,851.0
28 人口当り資料費（円）	1,409.6	490.0	639.1	629.5	457.7	514.6	405.4	326.3	431.7	371.3	380.1	454.3	354.5	225.6	636.0	266.6

《注記》
* 各人口段階の貸出密度（住民一人当たりの貸出点数）上位10%の市町村の平均値。
* 数値は、『日本の図書館・統計と名簿・2011』による。

1 【図書館設置市町村数】対象市町村図書館設置市町村数。
2 【対象市町村数】貸出密度上位10%の市町村数。
3 【人口】対象市町村の2010年3月31日現在の住民基本台帳登録人口。
4 【図書館数】対象市町村の2010年度の図書館数。
5 【自動車面積】対象市町村の図書館延床面積合計の平均。
6 【自動車図書館数】対象市町村の自動車図書館数の平均。
7 【うち司書正職員数】対象市町村の司書正職員数の平均。
15 【うち開架冊数】対象市町村の開架冊数（年間実働時間1500時間を1人）に換算。

16 【図書年間購入冊数】対象市町村図書館が2010年度に購入した図書冊数の平均。
17 【雑誌年間購入種数】対象市町村図書館が2010年度に購入した雑誌種数の平均。
18 【新聞年間購入種数】対象市町村図書館が2010年度に購入した新聞種数の平均。
19 【登録者数】対象市町村図書館の2010年3月末日現在の貸出登録者数の平均。
20 【貸出点数】対象市町村図書館の2010年度の貸出点数の実績値の平均。
21 【人口当貸出点数】対象市町村図書館一人当たりの貸出点数（貸出密度）の平均値。
22 【予約件数】対象市町村図書館の2010年度の実績値の平均。
23 【図書費】対象市町村図書館の2011年度の図書館当初予算額（経常費）の平均。
24 【資料費】対象市町村図書館の2011年度資料費（臨時費含む）の平均。
28 【人口当り資料費】対象市町村図書館の人口一人当たりの資料費。

び運営に関する基準について触れたがこれらの事項を踏まえた日常での図書館活動が求められる。それらの内容の具現化や基準達成に向けた取り組みの姿勢が広範な人々への図書館理解に繋がるのである。

第5節　博物館の管理運営

　博物館は博物館法第2条の定義によれば、「この法律において『博物館』とは、歴史、芸術、民俗、産業、自然科学等に関する資料を収集し、保管（育成を含む。以下同じ）し、展示して教育的配慮の下に一般公衆の利用に供し、その教養、調査研究、レクリエーション等に資するために必要な事業を行い、あわせてこれらの資料に関する調査研究をすることを目的とする機関」とされている。

　そして第3条において以下のように活動が明記されている。

「博物館は、前条第一項に規定する目的を達成するため、おおむね次に掲げる事業を行う。

　① 資料の収集、資料の保存、調査・研究、教育普及の活動
　② 本館の活動だけでなく分館や巡回展示等の館外活動。
　③ 保有する資料や施設設備を使った教育活動。
　④ 保有資料等の調査研究活動。
　⑤ 保存環境や展示技術の研究活動。
　⑥ 博物館資料を紹介する刊行物での普及活動。
　⑦ 博物館活動を広めるための講座・講演等の開催。
　⑧ 当該エリアの文化財目録と利用促進関する活動。
　⑨ 社会教育活動で得られた成果の提供及び利用の奨励活動。
　⑩ 他の博物館との連携、資料の相互貸借の促進。
　⑪ 関係関連機関等の相互支援活動。

以上が円滑に組織的に動いて初めて博物館活動が社会の中で認知される。

　世界的には国際博物館会議（International Council of Museums: ICOM、以下イコムという）の規約が、この世界的に確認された組織の最も基本的な文書となっ

ており，この規約[1]は，イコムの内部規定および職業倫理規程によって定義され，また補完されている。そのイコムの活動は，「誠実，公正性と相互の尊敬に基づき，国際的な博物館のコミュニティーに奉仕するものでなくてはならない」とされ，さらに「イコムの目的は，(i) 博物館の専門的な運営の確立と発展を促進し，そして (ii) 博物館の性格，機能および役割に対する知識と理解を推進すること」としたうえで 規約の第3条用語の定義の第1項で 博物館に関して「博物館とは，社会とその発展に貢献するため，有形，無形の人類の遺産とその環境を，研究，教育，楽しみを目的として収集，保存，調査研究，普及，展示をおこなう公衆に 開かれた非営利の常設機関である。」と定めている。このような文言が世界的には博物館の活動として認識されている事項である。

わが国の博物館活動はイコムの規約や博物館法の趣旨を活かした活動が展開されるべきことはいうまでもないが，現実的には多くの博物館は展示を重点とした活動が主流となっている。コンプライアンスの観点からもバランスある博物館活動が望まれる。

第6節　その他社会教育関連施設

これまで，公民館，図書館，博物館を中心に述べてきたが，現実にはそれ以外の社会教育関連施設も存在するので紹介することにする。

これらの施設も，施設設置の根拠となっている法律のもとに整備が図られている。地方自治法第244条では，「住民の福祉を増進する目的をもってその利用に供するための施設」を公の施設とし，地方公共団体が設置できる。また，地方教育行政の組織及び運営に関する法律第30条では，「地方公共団体は，法律の定めるところにより，学校，図書館，博物館，公民館その他の教育機関を設置する」とし，人的整備・施設整備・条例規則の組織及び機能等の諸条件が基準を満たしていることが求められる学校と同様に，図書館，博物館，公民館等も地方公共団体が設置できる。したがって，これらの法律根拠に基づいて，各社会教育施設が設置されることが必要である。実際には公民館，図書館，博

物館以外には青少年教育施設・女性教育施設（婦人教育施設・女性の学習支援施設）のような施設をあげることができる。その主な施設の概要は以下のとおりである。

(1) 青少年交流の家（青年の家）

宿泊型と非宿泊型（主に都市部に建設）に分かれるが，団体訓練を通じて規律，協同，コミュニケーション等を学び，心身ともに健全な青少年の育成を図ることを目的とする施設である。国立の施設や自治体等の運営する施設がある。

当初は青少年の野外活動施設として構想され，1958年からは職業技術教育施設の扱いも受けたが職業技術教育施設の機能は漸次減少した。1959年には最初の国立青年の家が建設された。なお，国立青年の家は2006年に独立行政法人国立オリンピック記念青少年総合センター，独立行政法人国立少年自然の家と統合され，独立行政法人国立青少年教育振興機構が発足した。これを機会に13カ所の国立青年の家は国立青少年交流の家と改称された。

(2) 少年自然の家

1970年以降に少年自然の家の建設が進められたが，その当時の建設の背景として「都市化の進行による地域の教育力の低下，子どもを取り巻く新たな問題が出現したという事情」が指摘された。

豊かな自然の中で，集団宿泊研修を通じて問題解決能力や豊かな人間性，たくましさを身に付けた青少年を健全育成することを目的としている。少年自然の家の多くが景勝地近くに所在する。

少年自然の家の主催する講座の内容としては，自然の中で行うフィールドワークやハイキング，キャンプ等が中心である。

(3) 婦人教育施設

婦人教育関連施設の歴史は古いが，国連が女性の地域向上を目指して設けた国際婦人年（1975年6月以降の10年間）を契機に整備が進んだ。教育の振興を図るため，婦人団体の指導者や一般婦人に，婦人教育に関する各種の研修，交流，情報提供等を行うことを目的とする。これらの施設で開設している講座の内容は，教養の向上に関することや女性の地位に関する問題・家庭教育・家庭生活

が主なものである。

(4) 社会教育センター（生涯学習（教育）センター）

社会教育（生涯学習）に関する情報提供，教材研究，講座，学習相談，指導者育成の研修等の社会教育（生涯学習）の推進・実施を目的としている。都道府県，政令指定都市の生涯教育センターは1960年代後半以降に設置されたもので，市町村によって設置されている公民館の活動内容に近い総合的な施設である。1986年の臨時教育審議会「教育改革に関する第二次答申」では，「生涯教育センターや公民館等において，民間の教育・スポーツ・文化事業やボランティア活動等も含めた広範な学習情報を地域住民にとって利用しやすく提供するとともに，地域住民の学習に関する相談に実質的にこたえられる体制を整備し，活性化する。」としている。なお生涯教育から生涯学習への呼称変更は1980年代半ば以降に多くみられるようになる。

(5) 視聴覚センター

1971年の社会教育審議会の答申以降，国による視聴覚ライブラリーの奨励策が進められて，その充実した視聴覚センターの典型として建設が奨励された施設である。生涯学習を支援するために，学校，公民館や社会教育団体向けに，無料で視聴覚機材・教材の貸出し，機材操作の研修会などを行ったり，音声，映像，教育機器，IT機器等を使用して独自の教材の製作，収集，提供，教材の展示，補修，独自の研修の企画・実施等を通して視聴覚教育の普及を目的としている。

これらは生涯学習の役割を担うことを主な目的として設置された施設であるが，これらの施設の特徴について次の3点を主な点としてあげることができる。

まず，第一に公共性があることである。施設や学習の機会が特定の対象ではなく，すべての人々に公開されて，公の施設として住民の福祉という公の目的を達成するための活動を行う。基本的には対象となる人であれば，誰でも利用できることである。第二には，人的配置がされてさまざまな教育活動が展開されていることである。空間があるだけでなく，利用者の学習支援に必要な専門

的な人的配置がされて活動が展開されている点である。第三には，施設の設置目的を遂げるための学習事業を実施している点であり，かつ，組織的，計画的に継続性のある事業であることも要件である。

ここで上記も踏まえて確認すべき社会教育的な施設として機能するのに欠かせない次の3点をあげておく。

① 利用者の学習を進めるのに必要な330m²（100坪）以上の建物（設備・備品も含む）があること。

② 利用者の学習を進める施設の目的に応じた専門的な職員が常駐していること。

③ 利用者の学習を進めるのに必要な資料もしくは年間の学習プログラムが用意されていること。

これらの点は公民館，博物館，図書館においては法律的な根拠があるが，他の社会教育施設では造営物としての建物はあっても上記の点を法的にも具備しているとはいえない現状にある。そのことが真の学習活動が育たない原因ともいえる。たとえば医師のいない病院，教師のいない学校は存在しないが，社会教育施設では肝心な点が見過ごされていることが大きな課題でもある。確かに学習が自主的に行われるので空間があれば活動が展開される余地もあるが，自主的な学習集団に自立するまでの支援活動が学習の裾野を広げるためには必要である。

第7節　社会教育関連施設の連携

個人の生涯学習の深まりと比例して，ひとつの施設だけでは学習の広がり深まりに対応が困難になってくることは当然考えられる。施設間の連携は下に示したように3通りある。たとえば，ひとつの図書館やひとつの博物館の所蔵資料には限界があり，資料調達のためには他館の応援を仰ぐことになる。そうであれば当然に，図書館であれば同じ図書館間，博物館であれば同じ博物館間の相互貸借による連携という相互協力関係が機能する。今後はさらに博物館と図

書館との異種施設間の連携も当然のことながら拡大していくことが充分に想定される。また，施設と他機関との連携も同様である。

1. 同一施設間の連携
2. 異種施設間の連携
3. 社会教育施設と他機関

現在の社会教育施設の設置状況では法律で連携が明記されていても殆ど連携が進んでいないのが実態である。多様な学習課題への対応と各施設の真の目的達成のためには施設間の連携は必要不可欠である。さらに詳しくは以下のコラムを一読いただきたい。

Column 3

MLK連携

　公民館，図書館，博物館は日本の代表的な社会教育施設であり，関係する法律にはこの3施設間の連携が謳われています。では実態はどうでしょうか。私はこの3施設で勤務経験がありますが，連携の不備を現場でいつも実感してきました。各施設の事業の棲み分けは進んでも，利用者の大半が横断的に各施設を日常的に使いこなすまでに至っていないように思われます。各施設の設置率にいちじるしい格差があることも原因のひとつとしてあげられるかもしれません。しかしながら3つの施設が同じ自治体内に完備している場合であっても，各施設の職員および利用する住民の各施設に対する意識に相違は見られないように思われます。これは換言すれば，学習者や学習を支援する側がより多面的で多様な学習の存在に気がついていないということでもあると私は考えております。

　そうしたことから私は，あえて社会教育施設の五徳論を提唱してきました。「五徳」といっても若い方々は想像できないかもしれません。「五徳」は民具のひとつで，囲炉裏に鉄瓶・鉄鍋を乗せるための鉄製の台です。3本の足があり，その3本の足を上部の丸い鉄輪で結んであります。この3本の足の長さが不揃いだと台は安定せず，鉄瓶・鉄鍋を乗せることはできません。もちろん2本では立っていることができません。各足は自分の役割の限界性をわきまえつつ，並列的な関係で相互の信頼のうえに湯を沸かすという目的を果すのです。私

は社会教育施設の代表格である公民館，図書館，博物館を3本の足に見立てて，この五徳のように互いの信頼関係のうえに支え合いながら，3施設が生涯学習を推進する核となることを願っています。もちろん他の社会教育関連施設も3本の足を補強する役割をもつという意味においても，その存在が重要であることは論を俟ちません。

　ただ現実的には，物と人を結ぶ役割を担う博物館，本と人を結ぶ役割を担う図書館，人と人を結ぶ役割を担う公民館の3施設それぞれの生い立ちや発展経過が一様ではなく，質的量的に均等に整備されていないのは事実です。だからこそお互いの目的や性格を熟知したうえで不足分を補完し合いながら，それぞれの施設の充実を遂げつつ，お互いに連帯する視点が重要なのです。

　とかく施設で働く職員もそれを利用する利用者も眼前の施設以外の施設に思いが至らず，サービス提供も利用もひとつの施設内で終わってしまっている傾向があるように思われます。両隣の施設との関係性を改めて見直すところに，自分の利用している施設や自分の人生をより充実発展させてくれるヒントとの出会いが隠されているのではないでしょうか。

　和歌山大学では「『生涯学習力』を培った市民・職業人として社会に参加し，その発展に寄与できる人間を育てる。」ことを掲げていますが，地域の生涯学習の基盤である各地の社会教育施設「五徳」群との連携もまた地域に根ざす和歌山大学の重要な役割のひとつであります。それらの「五徳」群との共同作業による今後の展開を大いに期待しているところです。

注
(1) 以下規約文は，ICOM日本委員会による日本語訳による。ICOM規約（2007年8月改訂版）

考えてみよう・調べてみよう
1. ユネスコの公共図書館宣言の趣旨と自分の住む市区町村の公共図書館の活動内容を比較して調べてみよう。
2. 社会教育施設の自治体における果たすべき役割について考えてみよう。

読書案内
渡辺義彦『公民館を遊ぶ』径書房，1988年

第10章
社会教育指導者の役割

❏ 本章の要点

　社会教育指導者とは，公の支配に属さない団体の社会教育関係団体である地域青年団，地域婦人会，地域子ども会等のリーダーを指すのが一般的である。また，社会教育委員，生涯学習審議会委員，社会教育施設関連の運営審議会委員等々も社会教育の指導者の範疇として考えられる。さらには，社会教育関係での指導的な職務として，社会教育主事，図書館司書，博物館学芸員，スポーツ指導員をあげることができる。それらは自主的な学びを支える重要な役割を担っている。

第1節　社会教育指導者

　社会教育法第10条では「この法律で『社会教育関係団体』とは，法人であると否とを問わず，公の支配に属しない団体で社会教育に関する事業を行うことを主たる目的とするものをいう。」と社会教育関係団体の定義がされている。この社会教育団体の主なものは全国的には地域青年団，婦人会，地域子ども会，青少年団体等を指すのが一般的である。それらに加えて地方自治体に登録している自治体内に活動拠点のある学習グループ，趣味グループ，社会貢献活動団体等々で運営や活動にかかわる意思決定がその成員にゆだねられていることが確認できる団体も社会教育関係団体として扱われる。通常はこうした団体のリーダー等の世話役は社会教育指導者と見なされている。また，こうした団体の関係者以外では社会教育委員（社会教育法第15条），公民館運営審議会の委員（社会教育法第29条），図書館協議会の委員（図書館法第14条），博物館協議会

の委員（博物館法第20条），スポーツ推進委員（スポーツ基本法第32条），生涯学習審議会の委員（生涯学習振興法第10条）等々も社会教育指導者の範疇に考えられている。

社会教育関係団体のリーダーや各施設の各種委員は自主的な活動を通して生涯学習の基盤を支える重要な役割を担っており，活躍が期待されている。

第2節　社会教育関係の指導的職務

各自治体には指導的な職務を担う専門職的な社会教育の仕事が存在する。それらは主に教育委員会の管轄下にあり，教育委員会事務局や教育機関に所属して関係する法律に基づいた職務を遂行する。

関係する法律に位置づけられている社会教育の指導的な各職務や所属，職名は下表のとおりである。

表10.1　社会教育の指導的職務一覧

施設等	職　名	根拠となる法律
教育委員会事務局等	社会教育主事・社会教育主事補	（社会教育法第9条の2）
公民館	公民館長・公民館主事	（社会教育法第27条）
図書館	図書館長 司書・司書補	（図書館法第13条） （図書館法第4条）
博物館	博物館長 博物館学芸員 学芸員補	（博物館法第4条）
スポーツ施設等	スポーツ推進委員	（スポーツ基本法第32条）

これらの専門的職員は学校教育の教師像とは大きく異なり，自発的な学習を側面から支援する学習援助者として学習を促し，サポートする総合的な視野で学習条件整備をする水先案内の役割をもつ。

第3節　行政上での社会教育専門職の指導的事項

社会教育施設等の社会教育に関する指導的職務を整理すると次のとおりとなる。

1　各社会教育専門職の指導性

教育委員会事務局の社会教育主事は、都道府県・市町村の教育委員会事務局に置くとされている専門的教育職員であり、社会教育を行う者への専門的技術的助言と指導を行う。また、学校が社会教育関係団体、地域住民などの協力を得て教育活動を行う場合は、その求めに応じ必要な助言を行うことができる。社会教育主事補は社会教育主事の職務を補助する。

公民館の館長は公民館の行う各種事業の企画実施、その他必要な事務を行い、所属職員を監督する。公民館主事は、館長の命を受け、公民館事業の実施にあたる。

図書館の館長は館務を掌理し、所属職員を監督して、図書館奉仕の機能の達成に努める。司書は図書館に置かれる専門的職員であり、図書館の専門的事務に従事する。司書補は、司書の職務を補助する。

博物館の館長は館務を掌理し、所属職員を監督して、博物館の任務の達成に努める。学芸員・学芸員補は、博物館に置かれる専門的職員であり、博物館資料の収集、保管、展示および調査研究その他これと関連する事業についての専門的事項をつかさどる。学芸員補は、学芸員の職務を補助する。

スポーツ推進委員は、スポーツ基本法第32条2項の「当該市町村におけるスポーツの推進のため、教育委員会規則（特定地方公共団体にあっては、地方公共団体の規則）の定めるところにより、スポーツの推進のための事業の実施に係る連絡調整並びに住民に対するスポーツの実技の指導その他スポーツに関する指導及び助言を行うものとする。」という範疇での委員としての指導助言が示されている。

2 社会教育に関する各委員又は審議会（協議会）委員の指導性

(1) 社会教育委員

社会教育委員は社会教育法第17条に以下の範疇での指導事項が示されている。

「社会教育に関し教育長を経て教育委員会に助言するため，次の職務を行う。
一　社会教育に関する諸計画を立案すること。
二　定時又は臨時に会議を開き，教育委員会の諮問に応じ，これに対して，意見を述べること。
三　前二号の職務を行うために必要な研究調査を行うこと。
2　社会教育委員は，教育委員会の会議に出席して社会教育に関し意見を述べることができる。
3　市町村の社会教育委員は，当該市町村の教育委員会から委嘱を受けた青少年教育に関する特定の事項について，社会教育関係団体，社会教育指導者その他関係者に対し，助言と指導を与えることができる。」

(2) 公民館運営審議会の委員

公民館運営審議会の委員は社会教育法第29条2項の「公民館運営審議会は，館長の諮問に応じ，公民館における各種の事業の企画実施につき調査審議するものとする。」という範疇での委員として指導的な役割を担っている。

(3) 図書館協議会の委員

図書館協議会の委員は図書館法第14条2項の「図書館協議会は，図書館の運営に関し館長の諮問に応ずるとともに，図書館の行う図書館奉仕につき，館長に対して意見を述べる機関とする。」という範疇での委員として指導的な役割を担っている。

(4) 博物館協議会の委員

博物館協議会の委員は博物館法第20条2項の「博物館協議会は，博物館の運営に関し館長の諮問に応ずるとともに，館長に対して意見を述べる機関とする。」という範疇での委員として指導的な役割を担っている。

(5) 生涯学習審議会の委員

都道府県の生涯学習審議会の委員は生涯学習の振興のための施策の推進体制等の整備に関する法律（生涯学習振興法）第10条の「都道府県の教育委員会又は知事の諮問に応じ，当該都道府県の処理する事務に関し，生涯学習に資するための施策の総合的な推進に関する重要事項を調査審議する」という範疇での指導的な役割を担っている。

第4節　社会教育施設の職員としての役割

現実問題として，図書館や博物館の専門職員が生涯学習について意識して日々の職務を遂行しているかといえば，特定の専門家として意識はするが生涯学習施設職員としての意識は高くないというのが実態であろう。図書館では，眼前の資料管理と資料提供に追われ，博物館では眼前の資料管理や博物館資料の公開が主たるルーティンワークとなり，日々の仕事が施設の目的にすり替わっているのではなかろうか。究極的には利用者の個々の自己実現や個々の主体的な学びの満足度を高められるかが目的であり，換言すれば利用者の学びをどのように豊かなものにするかということである。それがすれ違いになればすべてが一過性の利用となり，施設から民意は乖離する。そうすれば利用者は減り施設は弱体化し，その延長線上の最悪の事態としては廃館を迎えることになる。これはある意味では当然のことではあるが，大多数の場合にこの因果関係が見えていない。むしろ生涯学習を矮小化して軽んじて来たようでもある。軸足が図書館も博物館も資料的価値の追求に置かれ，資料の提供先と資料の提供による利用者の変化に無関心であったか，それらは職務外という認識であったことが推測できる。つまり，利用者の利用頻度とともに学びが深まる姿を確認してきたかということでもある。図書館も博物館も広域的で対象も限定されない一過性の利用であれば，利用者の学びの深まりも確認しようがない。そうすれば地域の実情を踏まえた活動はあまり重視されず，個々の主体的な学びや利用者との距離から遠くなるという悪循環に陥る。その結果として施設の存在

が問われることになる。社会教育施設職員に求められるのは，地域を深く知り，地域（利用者）と資料を結ぶ姿勢そのものである。そこに職員の専門性が存在する。

> 考えてみよう・調べてみよう
> 1. 社会教育施設の運営と施設の審議会（協議会）委員の役割について考えてみよう。
> 2. 自分の住む自治体の社会教育指導者の実態について調べてみよう。

> 読書案内
> 大塚達雄・硯川眞旬・黒木保博『グループワーク論』ミネルヴァ書房，1995年
> 坂本秀夫『PTAの研究』三一書房，1988年

終章
生涯学習の拠点施設としての図書館に向けて

❏ 本章の要点

　生涯学習を日本の隅々まで行き渡らせるためには，学習すなわち学校というイメージの払拭はもちろんのこと，学校並にシステム化した生涯学習の基盤整備も必要である。そうした中で最もふさわしい生涯学習の推進機関としての図書館の整備が求められる。"いつでも""どこでも""だれでも"学べる生涯学習の理念を具現化する図書館の役割は極めて重要であり，その具体策も含めて今後の図書館像を考える。

第1節　生涯学習の拠点施設に向けての図書館の配置

　わが国では学習といえば国民の多くが学校を連想する。仮に学校イコール学習とした場合には，学校を卒業した段階で学習は終わることになる。そうすると生涯学習の出番はそこにはない。一方，フィンランドでは学習すなわち本を読むことが連想される。そうすると学校が終了しても読書は生涯にわたって継続していく。このフィンランドの読むことが学習という考えに沿えば，図書館の利用や読書によって生涯の学習を学校卒業しても継続していくことが可能となる。しかも発想を変えれば，生涯学習の推進に対して図書館ではすでに取り組んでいることになる。むしろ，これまでの学習＝学校という固定観念を払拭することで生涯学習の理念の普及や理解にも繋がりやすい。

　しかも，フィンランドは年間の国民一人当たりの図書館の本の貸出冊数は22冊以上で世界一の水準である。日本の年間の図書館の一人当たりの貸出冊数は約5冊でフィンランドの4分の1である。そこに日本における図書館振興

表 終.1　人口27万人以上～40万人未満の市立図書館の状況

	人口	年間貸出冊数	人口1人当たり貸出冊数	図書館数	自動車図書館数	サービスポイント	図書予算（千円）	
愛荘町	21,000	310,000	14.8	2	0	0	27,033	※参考例
茨木市	277,000	3,801,000	13.7	5	1	8	64,925	
吹田市	357,000	3,483,000	9.8	7	1	2	52,500	
越谷市	330,000	2,852,000	8.6	1	2	3	16,932	
豊中市	397,000	3,352,000	8.4	9	1	2	64,630	
高槻市	356,000	2,999,000	8.4	5	1	2	92,005	
一宮市	386,000	3,030,000	7.8	5	1	1	81,430	
函館市	275,000	1,912,000	7.0	1	1	6	20,087	
武蔵野市	140,000	969,000	6.9	3	0	0	65,894	※参考例
旭川市	349,000	2,333,000	6.7	5	2	11	42,245	
春日井市	309,000	2,056,000	6.7	1	0	10	31,370	
岡崎市	378,000	2,450,000	6.5	2	0	8	33,622	
高崎市	375,000	2,369,000	6.3	6	0	2	56,189	
八尾市	270,000	1,687,000	6.2	3	1	0	43,060	
加古川市	272,000	1,681,000	6.2	3	0	1	46,348	
前橋市	341,000	2,063,000	6.0	16	1	11	96,605	
帯広市	169,000	994,000	5.9	1	1	21	23,513	※参考例
長岡市	281,000	1,638,000	5.8	8	2	18	50,966	
明石市	297,000	1,729,000	5.8	2	1	0	35,000	
下関市	279,000	1,550,000	5.6	6	1	2	37,187	
市原市	282,000	1,514,000	5.4	1	0	0	30,335	
久留米市	305,000	1,602,000	5.3	6	1	0	52,467	
川越市	347,000	1,816,000	5.2	4	0	1	22,116	
大津市	342,000	1,692,000	4.9	3	2	0	36,200	
所沢市	343,000	1,689,000	4.9	8	0	1	43,330	
いわき市	337,000	1,569,000	4.7	6	2	0	48,200	
水戸市	272,000	1,264,000	4.6	6	0	26	41,804	
豊橋市	380,000	1,765,000	4.6	6	0	74	89,210	
高知市	338,000	1,554,000	4.6	7	2	15	29,100	
津市	286,000	1,312,000	4.6	9	0	2	53,013	
長野市	386,000	1,583,000	4.1	2	3	28	49,200	
青森市	299,000	1,209,000	4.0	1	1	1	17,027	
郡山市	325,000	1,160,000	3.6	12	0	38	50,315	
奈良市	365,000	1,226,000	3.4	3	2	0	19,951	
那覇市	321,000	1,058,000	3.3	7	0	0	23,679	
四日市市	313,000	967,000	3.1	2	2	0	24,188	
福島市	285,000	820,000	2.9	3	1	16	16,708	
盛岡市	294,000	713,000	2.4	3	3	4	12,247	
秋田市	321,000	747,000	2.3	5	1	2	12,909	
和歌山市	380,000	802,000	2.1	1	2	0	18,463	

（出所）『日本の図書館　統計と名簿2014』日本図書館協会／2015年1月を参考として筆者作成

と生涯学習の展開の鍵が存在する。フィンランドは人口約500万人で図書館数が約1,000館であり、日本は人口約1億2,000万人で図書館数が約3,200館となる。この数値を単純に比較して考えると日本は人口約4万人にひとつの図書館の割合で、フィンランドは人口約5,000人にひとつの図書館となる。滋賀県旧愛知川町では人口約10,000人で一人当たりの年間の図書貸出数が約24冊の実績を有しているが、これはコミュニティに近い（中学校区）圏域の図書館サービスの結果であり、また表終1のように人口規模20万〜30万程度の都市であっても多くの分館やサービスポイントを配置すれば住民の利用が高くなる傾向があることが窺える。現時点で求められるのは中央館一館方式ではなく、図書館を各コミュニティ単位に配置して住民の暮らしに近い距離に図書館を設置することである。このことからも日本の図書館数（もちろん内容も欠かせない）も4倍に増やせば数字上では図書館の世界一の利用状況であるフィンランド並みに到達することが可能なのである。

　ちなみに現在の図書館数を3倍に増やした数は約9,600館で、2014年の公立中学校数9,707校に近い数となり、中央館を自治体数約1,800箇所に配置すれば4倍に近い数値となる。これは学校教育と生涯学習とを同列に比重をかければ実現不可能な数値ではない。現在の学校統合による遊休施設の図書館への転用も視野に入れれば経費の軽減化にも繋がる。

　図書館法が制定された直後の1955年の文部省社会教育調査統計によれば、図書館数は742館で2011年現在では4倍強の数的拡大を見ている。このことから考えても国レベルの生涯学習振興策としての図書館振興が待たれるところである。

第2節　生涯学習の拠点施設になるための図書館の位置づけ

　前節で学校施設並みの図書館配置について述べたが、図書館が地域の人々の信頼を得るための中身が問われている。たとえ営造物としての図書館が生活圏内に配置できたとしても、図書館として機能するかは内実次第である。これま

で日本の公共図書館も含めて数的には生涯学習施設は拡大してきたが，その水準はいちじるしく各館で相違がある。たとえば病院といえば医師の存在，学校といえば教師というように専門職が配置されている。ところが図書館施設や博物館施設（博物館という呼称を使用している館も含む）にも当然のように図書館司書や博物館学芸員が配置されるべきはずなのに，専門職の配置や位置づけのない館も存在する。それらの専門職不在の館があったとしても，社会的な批判を受けることはない。たとえば，医師のいない病院が判明すれば，犯罪行為として社会的制裁を受ける。病院であろうと学校であろうとすでに社会が専門職として認知しており，専門職とそれによって得られる対価のイメージからも，その必要性が社会に浸透して十分な理解が得られている。

ところが，公民館，図書館，博物館の専門職は社会的に十分な理解を得ている存在に成り得てないのが現状である。

そうした現実的な状況を踏まえたうえで生涯学習の拠点施設として施設の3要素といわれる人・資料・施設（空間）の今後のあり方を考えていく必要がある。

第3節　生涯学習の拠点となるための図書館の"人"

社会は専門職の職務内容について厳しい目で見ている。高度な医療技術と専門的知識を保持している医師の専門性が認知されているのは，養成課程からも窺い知ることができる。高度化する医療関係の専門職である獣医師，薬剤師等も養成期間が延長され4年間から6年間へと修学年限が変更されている。しかしながら，現実的には司書課程においては基礎資格の要件として短大卒以上という必要要件には変化がない。高学歴社会を迎えても必要な要件に変化がないことは逆に社会は専門性が必要という方向でなく，むしろ専門職の地位が低下していると考えた方が自然である。

ところが，実際の図書館の現場では，潜在的には高度な専門性が要求されており，司書も医療職と同様に将来的には学部や大学院での養成に向かうことが自然の流れである。今後，生涯学習の学習支援としての図書館が進展すれば，

さらに養成のあり方が問われるのも時間の問題である。なぜならば，図書館において住民の生涯学習の支援をする場合に，住民の側に学部卒が増加の一途を辿る中で現行の基礎資格で養成された専門職による支援は，現在の環境では不自然であることは誰の目にも明らかである。しかしながら，待遇の改善がなされて専門職として教員や医師のように生涯をまっとうできる環境が整わない限りには，人材の確保は望めない。期限付きの専門職では将来の人生設計も立てられず，専門的力量についても計画的に形成されなければ人材は育たないのは当然のことである。

　教員は，1974（昭和49）年に人材確保法（正式名：学校教育の水準の維持向上のための義務教育諸学校の教育職員の人材確保に関する特別措置法）が制定されて，同法に基づき，義務教育諸学校の教員給与が改善されたが，国がこうした施策を人材確保の見地から，生涯学習施設の専門職にも適応するような大胆な発想転換も必要である。生涯学習の最適な拠点施設であるという重要度を考えれば，国家政策によって人材確保について検討すべき段階にある。

　人の問題は重要な課題であり，図書館専門職が専門的職務遂行ができて初めて本当の意味の図書館の力が発揮される。その専門職員が任期付きであれば専門職員の期限中に蓄積された経験は途切れて，結果的には専門性が蓄積されない図書館となるのである。学校の教員は教育現場の中で経験を積みながら専門性を高めていき，さらに経験を積んだ同僚の教師集団によって経験知に出会うことにより，一人の教師を育む仕組みが存在する。残念ながら図書館では，そうした専門職として育てられる環境が脆弱である。そうした専門職を育成するシステム作りも今後の課題である。

第4節　生涯学習の拠点施設になるための図書館の"資料"

　資料構築の問題は，商売に置き換えれば品揃えという重要な問題であり経営を左右する。食料品は生きるために必要なものであり，それを扱う食料品店は日々の生活に欠かせない極めて重要な店舗である。図書館の扱う本や各種メ

ディアも明日を生きる頭脳のエネルギー源であり，それぞれの課題を克服する情報源であり，図書館が扱う各メディアは精神活動等の人間の内面への栄養源でもあるが，食料品ほどの切迫感がないので，その必要は目に見えない。多くの外国人が和食の味を知らないように，図書館の保有するメディアを必要とする意識が育まれない限りには，図書館への出会いがないのも当然である。読書環境に乏しい郡部の図書館設置率が低いのも，そうした読書を誘発する環境が乏しいことと比例していると考えられるのである。そうしたことに加えて，本格的な意味での市民の学習を支援する図書館の歴史が浅いこともあり，本好きのための施設や受験生の学習の場としての図書館というイメージを大多数の国民は抱いている。特定の人のための図書館というイメージを払拭しない限り図書館は住民の広範な支持を得られない。

　生涯学習の拠点となる施設では，少なくとも大多数の人々が日常的に図書館を使えるような水準にならないと真の生涯学習施設とはいえないのである。

　大多数の住民が生命を維持する食べ物のために利用する食料品店もさまざまな工夫で地域の顧客の満足度を高めて経営を続けている。図書館も同様で，日々の活動で利用者の満足度を高めるための努力は欠かせないのである。そのための資料の「質」と「量」が満足度を高めるためには重要な鍵である。生涯学習の拠点となるための図書館資料の質と量の目安であるが，大学の教養課程に役立つ「質」と「量」が最低限必要であろう。離島であろうと郡部の僻地であろうと全国どこにいようと，高等教育を享受できる環境が生涯学習を住民に保障する目安と考える。その現実的な姿として，放送大学や通信制の大学の地域での学びを支援する水準が求められる。また，大学への全入時代という状況の中で，いつでも，どこでも，だれでも大学で学べる環境を作ることも生涯学習支援となる。それにはこの通信制大学の附属図書館あるいは大学の教養部図書館をイメージした水準の蔵書の「質」を確保することが最低限必要である。

　ちなみに蔵書の「量」の問題は，実際の大学の教養課程の図書館や短期大学の蔵書数を参考にすればイメージができる。たとえば，2015年現在の実際の大学での蔵書数では，国際教養大学図書館は約75,000冊である。この蔵書数

は人口約 3,000 人の北海道置戸町立図書館の蔵書数の約 100,000 冊よりは少ないことを考えると，現実的に可能な到達点である。ただ，児童書と実用書と地域資料等は公共図書館の場合には加味する必要がある。たとえそうした各機能を加味したとしても，非現実的な蔵書数つまり「量」ではないはずである。図書館から遠く離れた地をわずか 3 千冊程度の自動車図書館で巡回するような水準では，生涯学習を支援するには質量とも不十分である。自動車で巡回するのではなく，福祉のデイサービスのように送迎する方法を採用することも含めて発想の転換も必要な時期にある。

第 5 節　生涯学習の拠点施設となるための図書館の"施設"

　さて，前節まで生涯学習の拠点としての図書館の"人""資料"について触れてきたが，次の，学校でいえば校舎にあたる図書館"施設"も重要な問題である。1995 年 1 月 12 日に出された大分県の図書館振興策は表 終.2 のとおりであるが，表にある基準に沿えば，図書館の床面積は 800 ㎡以上という水準がひとつの目安である。この床面積 800 ㎡であれば図書館が図書を収容できる目安とされる 1 ㎡当たり 100 冊換算で約 8 万冊は収容できるのである。また，表にある各項目を実現するために必要な施設面積を必要とすることは当然のことである。前節で述べた大学教養課程や短大の蔵書数であっても収容できる規模となる。この規模はどんな図書館であろうと確保すべきである。また，この規模は図書館法の第 3 条に謳われるさまざまな図書館活動を演出するのに必要な面積でもある。学校の校舎でいえば音楽室や理科室も普通教室とは違って音響に配慮したり，実験装置の設備を用意して目的に応じた教育活動を円滑に進めるために配置されるが，図書館においても閲覧室以外にも対面朗読や読み聞かせ，さらには講座等の企画等さまざまな活動を展開する部屋が必要なことはいうまでもない。ところが現実の図書館では，ワンフロアーのみの空間も多数存在する。本や各種資料の提供の場としての配架スペースや閲覧室は図書館では当然だが，今日では本と人を結ぶ働きが図書館に大きく求められており，そ

表 終.2　公立図書館の整備基準

開架蔵書冊数	40,000 冊以上
建物面積	延べ面積 800 ㎡以上
専門職員数	人口 3,000 人未満　2 人 　　　3,000 人以上　7,500 人未満　3 人 　　　7,500 人以上　30,000 人未満　4 人 　　　30,000 人以上　90,000 人未満　4 人に 30,000 人を超える人口 7,500 人当たり 1 人を加える。 　　　90,000 人以上 12 人に，90,000 人を超える人口 15,000 人当たり 1 人を加える。 但し，この他に必要に応じ非専門職員を配置する。
年間購入冊数	最低　4,000 冊以上 　　人口 1,000 人当たり 160 冊以上 　　　150,000 人以上においては 25,000 冊以上
雑誌購入タイトル数	人口 25,000 人未満　　　　　　　　100 誌以上 　　　25,000 人以上 40,000 人未満　　150 誌以上 　　　40,000 人以上　　　　　　　　　200 誌以上
新聞購入紙数	人口 25,000 人未満　　　　　　　　　5 紙以上 　　　25,000 人以上　　　　　　　　　10 紙以上

(注) 上表の職員は専任，正規職員であること。
(出所)『大分県公立図書館の振興策に関する報告書』大分県公共図書館振興策検討委員会，1995 年

の図書館の重要な働きの展開を支える空間に各部屋が必要なのである。この空間こそが生涯学習をさらなる次元に高めて充実発展させる役割も担う。これらの空間こそが生涯学習の拠点施設としての図書館には欠かせない。当然に今日では単なる部屋としての間仕切りでは通用しない。什器や設備に活動を支える工夫が要求される。2000 年代に入り，プロジェクター設備，ラーニングコモンズ，アクティブラーニングへの対応も意識され始めている。さらに図書館に長時間滞在するとすれば居住性，居心地の良さが求められる。椅子・机の配置やコーナーの形成等を工夫することでプライバシー保護や多様な利用者への配慮が可能となり，利用者の棲み分けも可能となる。

第6節　MLAK連携と図書館

　図書館は，図書館の側から見ればすべての領域にまたがり，さまざまな課題が図書館資料で解決できることを前提とする立場である。しかしながら，図書館の保有する資料は二次資料が中心であり，事象等の本質の理解には一次資料の併用も欠かせない。学習の深化や拡大は自然の成り行きである。そうした資料の限界を補完する点からも，一次資料への橋渡しの役目も当然のこととして求められる。さらに一次資料や二次資料を超えて，人から直接に得る情報を必要とする利用者への橋渡しも視野に入れるべきである。これを公的機関で扱う資料や目的別に図書館の連携先を考えると，一次資料は博物館および文書館，さらに人との関係では公民館との連携が必要となってくる。そうした取り組みはMLAK連携として最近急速に広がりを見せている。

　MLAKとは，Museum（博物館）・Library（図書館）・Archives（文書館）・Kominkan（公民館）の連携のことで，それぞれの頭文字をとってMLAKと呼ばれる。いずれも文化的情報資源を収集・蓄積・提供する公共機関であるという共通点をもっている。情報資源のアーカイブ化等の課題を共有しているM（博物館）・L（図書館）・A（文書館）の連携に加えて，近年，連携と成果の普及の重要性が認識されて公民館（K）の連携も加わっている。

　この動きは当然であり，主体的に課題解決しようとすれば，周辺の学問領域に跨り一次資料，二次資料等々の区分を超えた多面的な角度からの情報収集に至り，さらには相互に成果を活用することへの流れは容易に想像できる。

　5章でも述べた，愛知県北名古屋市の博物館活動と福祉の連携の例，3章の千葉県袖ケ浦市の博物館と学校図書館，このほか島根県海士町の図書館と福祉センターの連携等々からも連携先は地域ごとに工夫次第でより広範な展開となる。各施設がその施設だけで完結しないことを意識して，自治体内の機関が内包する情報資源に横断的に思考が向いているかが鍵でもある。

Column 4
通信教育と生涯学習施設としての図書館

　日本の公共図書館の戦後の発展過程を概観すると，1950年に図書館法が施行されて大都市や県立図書館が漸次整備され，1960年代の後半以降は中小都市まで整備されていった。しかしながら，同じわが国を代表する社会教育施設のひとつの公民館は農山村漁村等の小さな自治体である町村を中心に展開をし，1960年代にはほとんどの自治体に浸透した。都市部にあって図書館は急速に浸透したが，地方の郡部では図書館の歩みは牛歩の歩みであった。そうした図書館の町村部の未設置状態の解消に取り組むことが，生涯学習の振興には必要な課題である。全国的に見ても図書館は近年では都市部にあっては整備を終えた段階である。ところが町村部にあっては最近では随分と整備されたもののいまだ図書館未設置の自治体も多数存在する。すべての自治体に図書館網を整備することが緊急の課題である。すべての自治体に図書館網が整備されて初めて，だれでも，いつでも，どこでも学びが保障される生涯学習体制のインフラの整備の完成となる。現在では高等学校への進学は当然と受け止められている時代にあって高校卒業（中学卒業も）後にどんな場所でも学ぶ意思さえあれば放送大学や通信教育によって大学教育も受けられる。それは地理的にハンディのある離島であろうと日本の隅々まで学べる仕組みがすでに確立されている。大学の学びは授業の講義だけでなく講義の数倍の関連学習が前提となる。その講義外の学習を補完するのはさまざまな資料や書籍・情報の役目となる。その学習を支える大きな存在として公共図書館がある。全国民に公平に生涯学習の機会を提供する放送大学や通信制の大学の役割をさらに深く考えれば公共図書館の全自治体への整備に必然的に辿り着く。そうした視点で図書館網を考えれば，生涯学習網の推進上の課題も見える。生涯学習社会の普及のためにも図書館未設置自治体の解消が前提である。いまだ，学校外の学習に必要不可欠な装置としての図書館網の完成には数的にも課題が多い。さらにいえば本屋も図書館もない自治体さえも存在しているが，放送大学や通信制大学の所在する大都市からは末端の学びの環境の実態は見えない。放送大学や通信制の大学附属図書館の役割をももつ公共図書館の確保まで関係者とともに解決する視点を共有する必要があるのである。

　さて，これまで図書館の数的な問題を中心に触れてきたのはもちろん，すでに意識して多少は述べてきたつもりであるが，公共図書館の水準について述べることにする。

　生涯学習を推進するには，公共図書館には，放送大学や通信制の大学の学び

に見合った水準が最低限必要となる。それは学際的な視点での解決を視野に入れた資料群の構築ということができる。かなり高度な専門性の高い資料でさえも図書館のネットワークを駆使すれば利用者に提供できることを視野に入れれば，書架に配架される自前の資料は約 10 万冊の資料群でも新設の大学における蔵書数からみても放送大学や通信制大学の学習上の課題にも対応可能と判断できる。

> 考えてみよう・調べてみよう
> 1. 自分の住む自治体の図書館を各図書館統計から調べてみよう。
> 2. MLAK の連携の実態を身近な施設で調べてみよう。

> 読書案内
>
> 渡部幹雄『地域と図書館』慧文社，2006 年
> 吉井潤『29 歳で図書館長になって』青弓社，2015 年
> 水谷長志『MLA 連携の現状と課題・将来』勉誠出版，2010 年

資　　料

日本国憲法
教育基本法
社会教育法
図書館法
博物館法
ユネスコ公共図書館宣言（1994年）
図書館の設置及び運営上の望ましい基準

日本国憲法

(昭和二十一年十一月三日憲法)

　日本国民は，正当に選挙された国会における代表者を通じて行動し，われらとわれらの子孫のために，諸国民との協和による成果と，わが国全土にわたつて自由のもたらす恵沢を確保し，政府の行為によつて再び戦争の惨禍が起ることのないやうにすることを決意し，ここに主権が国民に存することを宣言し，この憲法を確定する。そもそも国政は，国民の厳粛な信託によるものであつて，その権威は国民に由来し，その権力は国民の代表者がこれを行使し，その福利は国民がこれを享受する。これは人類普遍の原理であり，この憲法は，かかる原理に基くものである。われらは，これに反する一切の憲法，法令及び詔勅を排除する。

　日本国民は，恒久の平和を念願し，人間相互の関係を支配する崇高な理想を深く自覚するのであつて，平和を愛する諸国民の公正と信義に信頼して，われらの安全と生存を保持しようと決意した。われらは，平和を維持し，専制と隷従，圧迫と偏狭を地上から永遠に除去しようと努めてゐる国際社会において，名誉ある地位を占めたいと思ふ。われらは，全世界の国民が，ひとしく恐怖と欠乏から免かれ，平和のうちに生存する権利を有することを確認する。

　われらは，いづれの国家も，自国のことのみに専念して他国を無視してはならないのであつて，政治道徳の法則は，普遍的なものであり，この法則に従ふことは，自国の主権を維持し，他国と対等関係に立たうとする各国の責務であると信ずる。

　日本国民は，国家の名誉にかけ，全力をあげてこの崇高な理想と目的を達成することを誓ふ。

第一章　天皇

第一条　天皇は，日本国の象徴であり日本国民統合の象徴であつて，この地位は，主権の存する日本国民の総意に基く。

第二条　皇位は，世襲のものであつて，国会の議決した皇室典範の定めるところにより，これを継承する。

第三条　天皇の国事に関するすべての行為には，内閣の助言と承認を必要とし，内閣が，その責任を負ふ。

第四条　天皇は，この憲法の定める国事に関する行為のみを行ひ，国政に関する権能を有しない。

○2　天皇は，法律の定めるところにより，その国事に関する行為を委任することができる。

第五条　皇室典範の定めるところにより摂政を置くときは，摂政は，天皇の名でその国事に関する行為を行ふ。この場合には，前条第一項の規定を準用する。

第六条　天皇は，国会の指名に基いて，内閣総理大臣を任命する。

○2　天皇は，内閣の指名に基いて，最高裁判所の長たる裁判官を任命する。

第七条　天皇は，内閣の助言と承認により，国民のために，左の国事に関する行為を行ふ。
一　憲法改正，法律，政令及び条約を公布すること。
二　国会を召集すること。
三　衆議院を解散すること。
四　国会議員の総選挙の施行を公示すること。
五　国務大臣及び法律の定めるその他の官吏の任免並びに全権委任状及び大使及び公使の信任状を認証すること。
六　大赦，特赦，減刑，刑の執行の免除及び復権を認証すること。
七　栄典を授与すること。
八　批准書及び法律の定めるその他の外交文書を認証すること。
九　外国の大使及び公使を接受すること。
十　儀式を行ふこと。
第八条　皇室に財産を譲り渡し，又は皇室が，財産を譲り受け，若しくは賜与することは，国会の議決に基かなければならない。

第二章　戦争の放棄

第九条　日本国民は，正義と秩序を基調とする国際平和を誠実に希求し，国権の発動たる戦争と，武力による威嚇又は武力の行使は，国際紛争を解決する手段としては，永久にこれを放棄する。
○2　前項の目的を達するため，陸海空軍その他の戦力は，これを保持しない。国の交戦権は，これを認めない。

第三章　国民の権利及び義務

第十条　日本国民たる要件は，法律でこれを定める。

第十一条　国民は，すべての基本的人権の享有を妨げられない。この憲法が国民に保障する基本的人権は，侵すことのできない永久の権利として，現在及び将来の国民に与へられる。
第十二条　この憲法が国民に保障する自由及び権利は，国民の不断の努力によつて，これを保持しなければならない。又，国民は，これを濫用してはならないのであつて，常に公共の福祉のためにこれを利用する責任を負ふ。
第十三条　すべて国民は，個人として尊重される。生命，自由及び幸福追求に対する国民の権利については，公共の福祉に反しない限り，立法その他の国政の上で，最大の尊重を必要とする。
第十四条　すべて国民は，法の下に平等であつて，人種，信条，性別，社会的身分又は門地により，政治的，経済的又は社会的関係において，差別されない。
○2　華族その他の貴族の制度は，これを認めない。
○3　栄誉，勲章その他の栄典の授与は，いかなる特権も伴はない。栄典の授与は，現にこれを有し，又は将来これを受ける者の一代に限り，その効力を有する。
第十五条　公務員を選定し，及びこれを罷免することは，国民固有の権利である。
○2　すべて公務員は，全体の奉仕者であつて，一部の奉仕者ではない。
○3　公務員の選挙については，成年者による普通選挙を保障する。
○4　すべて選挙における投票の秘密は，これを侵してはならない。選挙人は，その選択に関し公的にも私的にも責任を問はれない。

第十六条　何人も，損害の救済，公務員の罷免，法律，命令又は規則の制定，廃止又は改正その他の事項に関し，平穏に請願する権利を有し，何人も，かかる請願をしたためにいかなる差別待遇も受けない。

第十七条　何人も，公務員の不法行為により，損害を受けたときは，法律の定めるところにより，国又は公共団体に，その賠償を求めることができる。

第十八条　何人も，いかなる奴隷的拘束も受けない。又，犯罪に因る処罰の場合を除いては，その意に反する苦役に服させられない。

第十九条　思想及び良心の自由は，これを侵してはならない。

第二十条　信教の自由は，何人に対してもこれを保障する。いかなる宗教団体も，国から特権を受け，又は政治上の権力を行使してはならない。

○2　何人も，宗教上の行為，祝典，儀式又は行事に参加することを強制されない。

○3　国及びその機関は，宗教教育その他いかなる宗教的活動もしてはならない。

第二十一条　集会，結社及び言論，出版その他一切の表現の自由は，これを保障する。

○2　検閲は，これをしてはならない。通信の秘密は，これを侵してはならない。

第二十二条　何人も，公共の福祉に反しない限り，居住，移転及び職業選択の自由を有する。

○2　何人も，外国に移住し，又は国籍を離脱する自由を侵されない。

第二十三条　学問の自由は，これを保障する。

第二十四条　婚姻は，両性の合意のみに基いて成立し，夫婦が同等の権利を有することを基本として，相互の協力により，維持されなければならない。

○2　配偶者の選択，財産権，相続，住居の選定，離婚並びに婚姻及び家族に関するその他の事項に関しては，法律は，個人の尊厳と両性の本質的平等に立脚して，制定されなければならない。

第二十五条　すべて国民は，健康で文化的な最低限度の生活を営む権利を有する。

○2　国は，すべての生活部面について，社会福祉，社会保障及び公衆衛生の向上及び増進に努めなければならない。

第二十六条　すべて国民は，法律の定めるところにより，その能力に応じて，ひとしく教育を受ける権利を有する。

○2　すべて国民は，法律の定めるところにより，その保護する子女に普通教育を受けさせる義務を負ふ。義務教育は，これを無償とする。

第二十七条　すべて国民は，勤労の権利を有し，義務を負ふ。

○2　賃金，就業時間，休息その他の勤労条件に関する基準は，法律でこれを定める。

○3　児童は，これを酷使してはならない。

第二十八条　勤労者の団結する権利及び団体交渉その他の団体行動をする権利は，これを保障する。

第二十九条　財産権は，これを侵してはならない。

○2　財産権の内容は，公共の福祉に適合するやうに，法律でこれを定める。

○3　私有財産は，正当な補償の下に，これを公共のために用ひることができる。

第三十条　国民は，法律の定めるところにより，納税の義務を負ふ。

第三十一条　何人も，法律の定める手続によ

らなければ，その生命若しくは自由を奪はれ，又はその他の刑罰を科せられない。

第三十二条　何人も，裁判所において裁判を受ける権利を奪はれない。

第三十三条　何人も，現行犯として逮捕される場合を除いては，権限を有する司法官憲が発し，且つ理由となつてゐる犯罪を明示する令状によらなければ，逮捕されない。

第三十四条　何人も，理由を直ちに告げられ，且つ，直ちに弁護人に依頼する権利を与へられなければ，抑留又は拘禁されない。又，何人も，正当な理由がなければ，拘禁されず，要求があれば，その理由は，直ちに本人及びその弁護人の出席する公開の法廷で示されなければならない。

第三十五条　何人も，その住居，書類及び所持品について，侵入，捜索及び押収を受けることのない権利は，第三十三条の場合を除いては，正当な理由に基いて発せられ，且つ捜索する場所及び押収する物を明示する令状がなければ，侵されない。

○2　捜索又は押収は，権限を有する司法官憲が発する各別の令状により，これを行ふ。

第三十六条　公務員による拷問及び残虐な刑罰は，絶対にこれを禁ずる。

第三十七条　すべて刑事事件においては，被告人は，公平な裁判所の迅速な公開裁判を受ける権利を有する。

○2　刑事被告人は，すべての証人に対して審問する機会を充分に与へられ，又，公費で自己のために強制的手続により証人を求める権利を有する。

○3　刑事被告人は，いかなる場合にも，資格を有する弁護人に依頼することができる。被告人が自らこれを依頼することができないときは，国でこれを附する。

第三十八条　何人も，自己に不利益な供述を強要されない。

○2　強制，拷問若しくは脅迫による自白又は不当に長く抑留若しくは拘禁された後の自白は，これを証拠とすることができない。

○3　何人も，自己に不利益な唯一の証拠が本人の自白である場合には，有罪とされ，又は刑罰を科せられない。

第三十九条　何人も，実行の時に適法であつた行為又は既に無罪とされた行為については，刑事上の責任を問はれない。又，同一の犯罪について，重ねて刑事上の責任を問はれない。

第四十条　何人も，抑留又は拘禁された後，無罪の裁判を受けたときは，法律の定めるところにより，国にその補償を求めることができる。

第四章　国会

第四十一条　国会は，国権の最高機関であつて，国の唯一の立法機関である。

第四十二条　国会は，衆議院及び参議院の両議院でこれを構成する。

第四十三条　両議院は，全国民を代表する選挙された議員でこれを組織する。

○2　両議院の議員の定数は，法律でこれを定める。

第四十四条　両議院の議員及びその選挙人の資格は，法律でこれを定める。但し，人種，信条，性別，社会的身分，門地，教育，財産又は収入によつて差別してはならない。

第四十五条　衆議院議員の任期は，四年とする。但し，衆議院解散の場合には，その期間満了前に終了する。

第四十六条　参議院議員の任期は，六年とし，三年ごとに議員の半数を改選する。

第四十七条　選挙区，投票の方法その他両議院の議員の選挙に関する事項は，法律でこれを定める。

第四十八条　何人も，同時に両議院の議員たることはできない。

第四十九条　両議院の議員は，法律の定めるところにより，国庫から相当額の歳費を受ける。

第五十条　両議院の議員は，法律の定める場合を除いては，国会の会期中逮捕されず，会期前に逮捕された議員は，その議院の要求があれば，会期中これを釈放しなければならない。

第五十一条　両議院の議員は，議院で行つた演説，討論又は表決について，院外で責任を問はれない。

第五十二条　国会の常会は，毎年一回これを召集する。

第五十三条　内閣は，国会の臨時会の召集を決定することができる。いづれかの議院の総議員の四分の一以上の要求があれば，内閣は，その召集を決定しなければならない。

第五十四条　衆議院が解散されたときは，解散の日から四十日以内に，衆議院議員の総選挙を行ひ，その選挙の日から三十日以内に，国会を召集しなければならない。

○2　衆議院が解散されたときは，参議院は，同時に閉会となる。但し，内閣は，国に緊急の必要があるときは，参議院の緊急集会を求めることができる。

○3　前項但書の緊急集会において採られた措置は，臨時のものであつて，次の国会開会の後十日以内に，衆議院の同意がない場合には，その効力を失ふ。

第五十五条　両議院は，各々その議員の資格に関する争訟を裁判する。但し，議員の議席を失はせるには，出席議員の三分の二以上の多数による議決を必要とする。

第五十六条　両議院は，各々その総議員の三分の一以上の出席がなければ，議事を開き議決することができない。

○2　両議院の議事は，この憲法に特別の定のある場合を除いては，出席議員の過半数でこれを決し，可否同数のときは，議長の決するところによる。

第五十七条　両議院の会議は，公開とする。但し，出席議員の三分の二以上の多数で議決したときは，秘密会を開くことができる。

○2　両議院は，各々その会議の記録を保存し，秘密会の記録の中で特に秘密を要すると認められるもの以外は，これを公表し，且つ一般に頒布しなければならない。

○3　出席議員の五分の一以上の要求があれば，各議員の表決は，これを会議録に記載しなければならない。

第五十八条　両議院は，各々その議長その他の役員を選任する。

○2　両議院は，各々その会議その他の手続及び内部の規律に関する規則を定め，又，院内の秩序をみだした議員を懲罰することができる。但し，議員を除名するには，出席議員の三分の二以上の多数による議決を必要とする。

第五十九条　法律案は，この憲法に特別の定のある場合を除いては，両議院で可決したとき法律となる。

○2　衆議院で可決し，参議院でこれと異なつた議決をした法律案は，衆議院で出席議

員の三分の二以上の多数で再び可決したときは，法律となる。

○3　前項の規定は，法律の定めるところにより，衆議院が，両議院の協議会を開くことを求めることを妨げない。

○4　参議院が，衆議院の可決した法律案を受け取つた後，国会休会中の期間を除いて六十日以内に，議決しないときは，衆議院は，参議院がその法律案を否決したものとみなすことができる。

第六十条　予算は，さきに衆議院に提出しなければならない。

○2　予算について，参議院で衆議院と異なつた議決をした場合に，法律の定めるところにより，両議院の協議会を開いても意見が一致しないとき，又は参議院が，衆議院の可決した予算を受け取つた後，国会休会中の期間を除いて三十日以内に，議決しないときは，衆議院の議決を国会の議決とする。

第六十一条　条約の締結に必要な国会の承認については，前条第二項の規定を準用する。

第六十二条　両議院は，各々国政に関する調査を行ひ，これに関して，証人の出頭及び証言並びに記録の提出を要求することができる。

第六十三条　内閣総理大臣その他の国務大臣は，両議院の一に議席を有すると有しないとにかかはらず，何時でも議案について発言するため議院に出席することができる。又，答弁又は説明のため出席を求められたときは，出席しなければならない。

第六十四条　国会は，罷免の訴追を受けた裁判官を裁判するため，両議院の議員で組織する弾劾裁判所を設ける。

○2　弾劾に関する事項は，法律でこれを定める。

第五章　内閣

第六十五条　行政権は，内閣に属する。

第六十六条　内閣は，法律の定めるところにより，その首長たる内閣総理大臣及びその他の国務大臣でこれを組織する。

○2　内閣総理大臣その他の国務大臣は，文民でなければならない。

○3　内閣は，行政権の行使について，国会に対し連帯して責任を負ふ。

第六十七条　内閣総理大臣は，国会議員の中から国会の議決で，これを指名する。この指名は，他のすべての案件に先だつて，これを行ふ。

○2　衆議院と参議院とが異なつた指名の議決をした場合に，法律の定めるところにより，両議院の協議会を開いても意見が一致しないとき，又は衆議院が指名の議決をした後，国会休会中の期間を除いて十日以内に，参議院が，指名の議決をしないときは，衆議院の議決を国会の議決とする。

第六十八条　内閣総理大臣は，国務大臣を任命する。但し，その過半数は，国会議員の中から選ばれなければならない。

○2　内閣総理大臣は，任意に国務大臣を罷免することができる。

第六十九条　内閣は，衆議院で不信任の決議案を可決し，又は信任の決議案を否決したときは，十日以内に衆議院が解散されない限り，総辞職をしなければならない。

第七十条　内閣総理大臣が欠けたとき，又は衆議院議員総選挙の後に初めて国会の召集があつたときは，内閣は，総辞職をしなければならない。

第七十一条　前二条の場合には，内閣は，あらたに内閣総理大臣が任命されるまで引き続きその職務を行ふ。

第七十二条　内閣総理大臣は，内閣を代表して議案を国会に提出し，一般国務及び外交関係について国会に報告し，並びに行政各部を指揮監督する。

第七十三条　内閣は，他の一般行政事務の外，左の事務を行ふ。

一　法律を誠実に執行し，国務を総理すること。

二　外交関係を処理すること。

三　条約を締結すること。但し，事前に，時宜によつては事後に，国会の承認を経ることを必要とする。

四　法律の定める基準に従ひ，官吏に関する事務を掌理すること。

五　予算を作成して国会に提出すること。

六　この憲法及び法律の規定を実施するために，政令を制定すること。但し，政令には，特にその法律の委任がある場合を除いては，罰則を設けることができない。

七　大赦，特赦，減刑，刑の執行の免除及び復権を決定すること。

第七十四条　法律及び政令には，すべて主任の国務大臣が署名し，内閣総理大臣が連署することを必要とする。

第七十五条　国務大臣は，その在任中，内閣総理大臣の同意がなければ，訴追されない。但し，これがため，訴追の権利は，害されない。

第六章　司法

第七十六条　すべて司法権は，最高裁判所及び法律の定めるところにより設置する下級裁判所に属する。

○2　特別裁判所は，これを設置することができない。行政機関は，終審として裁判を行ふことができない。

○3　すべて裁判官は，その良心に従ひ独立してその職権を行ひ，この憲法及び法律にのみ拘束される。

第七十七条　最高裁判所は，訴訟に関する手続，弁護士，裁判所の内部規律及び司法事務処理に関する事項について，規則を定める権限を有する。

○2　検察官は，最高裁判所の定める規則に従はなければならない。

○3　最高裁判所は，下級裁判所に関する規則を定める権限を，下級裁判所に委任することができる。

第七十八条　裁判官は，裁判により，心身の故障のために職務を執ることができないと決定された場合を除いては，公の弾劾によらなければ罷免されない。裁判官の懲戒処分は，行政機関がこれを行ふことはできない。

第七十九条　最高裁判所は，その長たる裁判官及び法律の定める員数のその他の裁判官でこれを構成し，その長たる裁判官以外の裁判官は，内閣でこれを任命する。

○2　最高裁判所の裁判官の任命は，その任命後初めて行はれる衆議院議員総選挙の際国民の審査に付し，その後十年を経過した後初めて行はれる衆議院議員総選挙の際更に審査に付し，その後も同様とする。

○3　前項の場合において，投票者の多数が裁判官の罷免を可とするときは，その裁判官は，罷免される。

○4　審査に関する事項は，法律でこれを定める。

○5　最高裁判所の裁判官は，法律の定める

年齢に達した時に退官する。
○6　最高裁判所の裁判官は、すべて定期に相当額の報酬を受ける。この報酬は、在任中、これを減額することができない。

第八十条　下級裁判所の裁判官は、最高裁判所の指名した者の名簿によつて、内閣でこれを任命する。その裁判官は、任期を十年とし、再任されることができる。但し、法律の定める年齢に達した時には退官する。
○2　下級裁判所の裁判官は、すべて定期に相当額の報酬を受ける。この報酬は、在任中、これを減額することができない。

第八十一条　最高裁判所は、一切の法律、命令、規則又は処分が憲法に適合するかしないかを決定する権限を有する終審裁判所である。

第八十二条　裁判の対審及び判決は、公開法廷でこれを行ふ。
○2　裁判所が、裁判官の全員一致で、公の秩序又は善良の風俗を害する虞があると決した場合には、対審は、公開しないでこれを行ふことができる。但し、政治犯罪、出版に関する犯罪又はこの憲法第三章で保障する国民の権利が問題となつてゐる事件の対審は、常にこれを公開しなければならない。

第七章　財政

第八十三条　国の財政を処理する権限は、国会の議決に基いて、これを行使しなければならない。

第八十四条　あらたに租税を課し、又は現行の租税を変更するには、法律又は法律の定める条件によることを必要とする。

第八十五条　国費を支出し、又は国が債務を負担するには、国会の議決に基くことを必要とする。

第八十六条　内閣は、毎会計年度の予算を作成し、国会に提出して、その審議を受け議決を経なければならない。

第八十七条　予見し難い予算の不足に充てるため、国会の議決に基いて予備費を設け、内閣の責任でこれを支出することができる。
○2　すべて予備費の支出については、内閣は、事後に国会の承諾を得なければならない。

第八十八条　すべて皇室財産は、国に属する。すべて皇室の費用は、予算に計上して国会の議決を経なければならない。

第八十九条　公金その他の公の財産は、宗教上の組織若しくは団体の使用、便益若しくは維持のため、又は公の支配に属しない慈善、教育若しくは博愛の事業に対し、これを支出し、又はその利用に供してはならない。

第九十条　国の収入支出の決算は、すべて毎年会計検査院がこれを検査し、内閣は、次の年度に、その検査報告とともに、これを国会に提出しなければならない。
○2　会計検査院の組織及び権限は、法律でこれを定める。

第九十一条　内閣は、国会及び国民に対し、定期に、少くとも毎年一回、国の財政状況について報告しなければならない。

第八章　地方自治

第九十二条　地方公共団体の組織及び運営に関する事項は、地方自治の本旨に基いて、法律でこれを定める。

第九十三条　地方公共団体には、法律の定めるところにより、その議事機関として議会

を設置する。
○2　地方公共団体の長，その議会の議員及び法律の定めるその他の吏員は，その地方公共団体の住民が，直接これを選挙する。

第九十四条　地方公共団体は，その財産を管理し，事務を処理し，及び行政を執行する権能を有し，法律の範囲内で条例を制定することができる。

第九十五条　一の地方公共団体のみに適用される特別法は，法律の定めるところにより，その地方公共団体の住民の投票においてその過半数の同意を得なければ，国会は，これを制定することができない。

第九章　改正

第九十六条　この憲法の改正は，各議院の総議員の三分の二以上の賛成で，国会が，これを発議し，国民に提案してその承認を経なければならない。この承認には，特別の国民投票又は国会の定める選挙の際行はれる投票において，その過半数の賛成を必要とする。
○2　憲法改正について前項の承認を経たときは，天皇は，国民の名で，この憲法と一体を成すものとして，直ちにこれを公布する。

第十章　最高法規

第九十七条　この憲法が日本国民に保障する基本的人権は，人類の多年にわたる自由獲得の努力の成果であつて，これらの権利は，過去幾多の試錬に堪へ，現在及び将来の国民に対し，侵すことのできない永久の権利として信託されたものである。

第九十八条　この憲法は，国の最高法規であつて，その条規に反する法律，命令，詔勅及び国務に関するその他の行為の全部又は一部は，その効力を有しない。
○2　日本国が締結した条約及び確立された国際法規は，これを誠実に遵守することを必要とする。

第九十九条　天皇又は摂政及び国務大臣，国会議員，裁判官その他の公務員は，この憲法を尊重し擁護する義務を負ふ。

第十一章　補則

第百条　この憲法は，公布の日から起算して六箇月を経過した日から，これを施行する。
○2　この憲法を施行するために必要な法律の制定，参議院議員の選挙及び国会召集の手続並びにこの憲法を施行するために必要な準備手続は，前項の期日よりも前に，これを行ふことができる。

第百一条　この憲法施行の際，参議院がまだ成立してゐないときは，その成立するまでの間，衆議院は，国会としての権限を行ふ。

第百二条　この憲法による第一期の参議院議員のうち，その半数の者の任期は，これを三年とする。その議員は，法律の定めるところにより，これを定める。

第百三条　この憲法施行の際現に在職する国務大臣，衆議院議員及び裁判官並びにその他の公務員で，その地位に相応する地位がこの憲法で認められてゐる者は，法律で特別の定をした場合を除いては，この憲法施行のため，当然にはその地位を失ふことはない。但し，この憲法によつて，後任者が選挙又は任命されたときは，当然その地位を失ふ。

教育基本法

(平成十八年十二月二十二日法律第百二十号)

　教育基本法 (昭和二十二年法律第二十五号) の全部を改正する。
　我々日本国民は，たゆまぬ努力によって築いてきた民主的で文化的な国家を更に発展させるとともに，世界の平和と人類の福祉の向上に貢献することを願うものである。
　我々は，この理想を実現するため，個人の尊厳を重んじ，真理と正義を希求し，公共の精神を尊び，豊かな人間性と創造性を備えた人間の育成を期するとともに，伝統を継承し，新しい文化の創造を目指す教育を推進する。
　ここに，我々は，日本国憲法 の精神にのっとり，我が国の未来を切り拓く教育の基本を確立し，その振興を図るため，この法律を制定する。

第一章　教育の目的及び理念

(教育の目的)
第一条　教育は，人格の完成を目指し，平和で民主的な国家及び社会の形成者として必要な資質を備えた心身ともに健康な国民の育成を期して行われなければならない。

(教育の目標)
第二条　教育は，その目的を実現するため，学問の自由を尊重しつつ，次に掲げる目標を達成するよう行われるものとする。
一　幅広い知識と教養を身に付け，真理を求める態度を養い，豊かな情操と道徳心を培うとともに，健やかな身体を養うこと。
二　個人の価値を尊重して，その能力を伸ばし，創造性を培い，自主及び自律の精神を養うとともに，職業及び生活との関連を重視し，勤労を重んずる態度を養うこと。
三　正義と責任，男女の平等，自他の敬愛と協力を重んずるとともに，公共の精神に基づき，主体的に社会の形成に参画し，その発展に寄与する態度を養うこと。
四　生命を尊び，自然を大切にし，環境の保全に寄与する態度を養うこと。
五　伝統と文化を尊重し，それらをはぐくんできた我が国と郷土を愛するとともに，他国を尊重し，国際社会の平和と発展に寄与する態度を養うこと。

(生涯学習の理念)
第三条　国民一人一人が，自己の人格を磨き，豊かな人生を送ることができるよう，その生涯にわたって，あらゆる機会に，あらゆる場所において学習することができ，その成果を適切に生かすことのできる社会の実現が図られなければならない。

(教育の機会均等)
第四条　すべて国民は，ひとしく，その能力に応じた教育を受ける機会を与えられなければならず，人種，信条，性別，社会的身分，経済的地位又は門地によって，教育上差別されない。
2　国及び地方公共団体は，障害のある者が，その障害の状態に応じ，十分な教育を受けられるよう，教育上必要な支援を講じなければならない。

3　国及び地方公共団体は，能力があるにもかかわらず，経済的理由によって修学が困難な者に対して，奨学の措置を講じなければならない。

第二章　教育の実施に関する基本

（義務教育）

第五条　国民は，その保護する子に，別に法律で定めるところにより，普通教育を受けさせる義務を負う。

2　義務教育として行われる普通教育は，各個人の有する能力を伸ばしつつ社会において自立的に生きる基礎を培い，また，国家及び社会の形成者として必要とされる基本的な資質を養うことを目的として行われるものとする。

3　国及び地方公共団体は，義務教育の機会を保障し，その水準を確保するため，適切な役割分担及び相互の協力の下，その実施に責任を負う。

4　国又は地方公共団体の設置する学校における義務教育については，授業料を徴収しない。

（学校教育）

第六条　法律に定める学校は，公の性質を有するものであって，国，地方公共団体及び法律に定める法人のみが，これを設置することができる。

2　前項の学校においては，教育の目標が達成されるよう，教育を受ける者の心身の発達に応じて，体系的な教育が組織的に行われなければならない。この場合において，教育を受ける者が，学校生活を営む上で必要な規律を重んずるとともに，自ら進んで学習に取り組む意欲を高めることを重視して行われなければならない。

（大学）

第七条　大学は，学術の中心として，高い教養と専門的能力を培うとともに，深く真理を探究して新たな知見を創造し，これらの成果を広く社会に提供することにより，社会の発展に寄与するものとする。

2　大学については，自主性，自律性その他の大学における教育及び研究の特性が尊重されなければならない。

（私立学校）

第八条　私立学校の有する公の性質及び学校教育において果たす重要な役割にかんがみ，国及び地方公共団体は，その自主性を尊重しつつ，助成その他の適当な方法によって私立学校教育の振興に努めなければならない。

（教員）

第九条　法律に定める学校の教員は，自己の崇高な使命を深く自覚し，絶えず研究と修養に励み，その職責の遂行に努めなければならない。

2　前項の教員については，その使命と職責の重要性にかんがみ，その身分は尊重され，待遇の適正が期せられるとともに，養成と研修の充実が図られなければならない。

（家庭教育）

第十条　父母その他の保護者は，子の教育について第一義的責任を有するものであって，生活のために必要な習慣を身に付けさせるとともに，自立心を育成し，心身の調和のとれた発達を図るよう努めるものとする。

2　国及び地方公共団体は，家庭教育の自主性を尊重しつつ，保護者に対する学習の機会及び情報の提供その他の家庭教育を支援するために必要な施策を講ずるよう努めなければならない。

（幼児期の教育）
第十一条　幼児期の教育は，生涯にわたる人格形成の基礎を培う重要なものであることにかんがみ，国及び地方公共団体は，幼児の健やかな成長に資する良好な環境の整備その他適当な方法によって，その振興に努めなければならない。

（社会教育）
第十二条　個人の要望や社会の要請にこたえ，社会において行われる教育は，国及び地方公共団体によって奨励されなければならない。

2　国及び地方公共団体は，図書館，博物館，公民館その他の社会教育施設の設置，学校の施設の利用，学習の機会及び情報の提供その他の適当な方法によって社会教育の振興に努めなければならない。

（学校，家庭及び地域住民等の相互の連携協力）
第十三条　学校，家庭及び地域住民その他の関係者は，教育におけるそれぞれの役割と責任を自覚するとともに，相互の連携及び協力に努めるものとする。

（政治教育）
第十四条　良識ある公民として必要な政治的教養は，教育上尊重されなければならない。

2　法律に定める学校は，特定の政党を支持し，又はこれに反対するための政治教育その他政治的活動をしてはならない。

（宗教教育）
第十五条　宗教に関する寛容の態度，宗教に関する一般的な教養及び宗教の社会生活における地位は，教育上尊重されなければならない。

2　国及び地方公共団体が設置する学校は，特定の宗教のための宗教教育その他宗教的活動をしてはならない。

第三章　教育行政

（教育行政）
第十六条　教育は，不当な支配に服することなく，この法律及び他の法律の定めるところにより行われるべきものであり，教育行政は，国と地方公共団体との適切な役割分担及び相互の協力の下，公正かつ適正に行われなければならない。

2　国は，全国的な教育の機会均等と教育水準の維持向上を図るため，教育に関する施策を総合的に策定し，実施しなければならない。

3　地方公共団体は，その地域における教育の振興を図るため，その実情に応じた教育に関する施策を策定し，実施しなければならない。

4　国及び地方公共団体は，教育が円滑かつ継続的に実施されるよう，必要な財政上の措置を講じなければならない。

（教育振興基本計画）
第十七条　政府は，教育の振興に関する施策の総合的かつ計画的な推進を図るため，教育の振興に関する施策についての基本的な方針及び講ずべき施策その他必要な事項について，基本的な計画を定め，これを国会に報告するとともに，公表しなければならない。

2　地方公共団体は，前項の計画を参酌し，その地域の実情に応じ，当該地方公共団体における教育の振興のための施策に関する基本的な計画を定めるよう努めなければならない。

第四章　法令の制定

第十八条　この法律に規定する諸条項を実施するため，必要な法令が制定されなければならない。

附　則　抄

（施行期日）

1　この法律は，公布の日から施行する。

社会教育法

(昭和二十四年六月十日法律第二百七号)
最終改正：平成二十七年六月二十四日法律第四六号

第一章　総則

(この法律の目的)
第一条　この法律は，教育基本法（平成十八年法律第百二十号）の精神に則り，社会教育に関する国及び地方公共団体の任務を明らかにすることを目的とする。

(社会教育の定義)
第二条　この法律で「社会教育」とは，学校教育法（昭和二十二年法律第二十六号）に基き，学校の教育課程として行われる教育活動を除き，主として青少年及び成人に対して行われる組織的な教育活動（体育及びレクリエーションの活動を含む。）をいう。

(国及び地方公共団体の任務)
第三条　国及び地方公共団体は，この法律及び他の法令の定めるところにより，社会教育の奨励に必要な施設の設置及び運営，集会の開催，資料の作製，頒布その他の方法により，すべての国民があらゆる機会，あらゆる場所を利用して，自ら実際生活に即する文化的教養を高め得るような環境を醸成するように努めなければならない。

2　国及び地方公共団体は，前項の任務を行うに当たつては，国民の学習に対する多様な需要を踏まえ，これに適切に対応するために必要な学習の機会の提供及びその奨励を行うことにより，生涯学習の振興に寄与することとなるよう努めるものとする。

3　国及び地方公共団体は，第一項の任務を行うに当たつては，社会教育が学校教育及び家庭教育との密接な関連性を有することにかんがみ，学校教育との連携の確保に努め，及び家庭教育の向上に資することとなるよう必要な配慮をするとともに，学校，家庭及び地域住民その他の関係者相互間の連携及び協力の促進に資することとなるよう努めるものとする。

(国の地方公共団体に対する援助)
第四条　前条第一項の任務を達成するために，国は，この法律及び他の法令の定めるところにより，地方公共団体に対し，予算の範囲内において，財政的援助並びに物資の提供及びそのあつせんを行う。

(市町村の教育委員会の事務)
第五条　市（特別区を含む。以下同じ。）町村の教育委員会は，社会教育に関し，当該地方の必要に応じ，予算の範囲内において，次の事務を行う。

一　社会教育に必要な援助を行うこと。
二　社会教育委員の委嘱に関すること。
三　公民館の設置及び管理に関すること。
四　所管に属する図書館，博物館，青年の家その他の社会教育施設の設置及び管理に関すること。
五　所管に属する学校の行う社会教育のための講座の開設及びその奨励に関すること。
六　講座の開設及び討論会，講習会，講演会，

展示会その他の集会の開催並びにこれらの奨励に関すること。
七　家庭教育に関する学習の機会を提供するための講座の開設及び集会の開催並びに家庭教育に関する情報の提供並びにこれらの奨励に関すること。
八　職業教育及び産業に関する科学技術指導のための集会の開催並びにその奨励に関すること。
九　生活の科学化の指導のための集会の開催及びその奨励に関すること。
十　情報化の進展に対応して情報の収集及び利用を円滑かつ適正に行うために必要な知識又は技能に関する学習の機会を提供するための講座の開設及び集会の開催並びにこれらの奨励に関すること。
十一　運動会，競技会その他体育指導のための集会の開催及びその奨励に関すること。
十二　音楽，演劇，美術その他芸術の発表会等の開催及びその奨励に関すること。
十三　主として学齢児童及び学齢生徒（それぞれ学校教育法第十八条に規定する学齢児童及び学齢生徒をいう。）に対し，学校の授業の終了後又は休業日において学校，社会教育施設その他適切な施設を利用して行う学習その他の活動の機会を提供する事業の実施並びにその奨励に関すること。
十四　青少年に対しボランティア活動など社会奉仕体験活動，自然体験活動その他の体験活動の機会を提供する事業の実施及びその奨励に関すること。
十五　社会教育における学習の機会を利用して行つた学習の成果を活用して学校，社会教育施設その他地域において行う教育活動その他の活動の機会を提供する事業の実施及びその奨励に関すること。

十六　社会教育に関する情報の収集，整理及び提供に関すること。
十七　視聴覚教育，体育及びレクリエーションに必要な設備，器材及び資料の提供に関すること。
十八　情報の交換及び調査研究に関すること。
十九　その他第三条第一項の任務を達成するために必要な事務

（都道府県の教育委員会の事務）
第六条　都道府県の教育委員会は，社会教育に関し，当該地方の必要に応じ，予算の範囲内において，前条各号の事務（第三号の事務を除く。）を行うほか，次の事務を行う。
一　公民館及び図書館の設置及び管理に関し，必要な指導及び調査を行うこと。
二　社会教育を行う者の研修に必要な施設の設置及び運営，講習会の開催，資料の配布等に関すること。
三　社会教育施設の設置及び運営に必要な物資の提供及びそのあつせんに関すること。
四　市町村の教育委員会との連絡に関すること。
五　その他法令によりその職務権限に属する事項

（教育委員会と地方公共団体の長との関係）
第七条　地方公共団体の長は，その所掌事項に関する必要な広報宣伝で視聴覚教育の手段を利用しその他教育の施設及び手段によることを適当とするものにつき，教育委員会に対し，その実施を依頼し，又は実施の協力を求めることができる。
2　前項の規定は，他の行政庁がその所掌に関する必要な広報宣伝につき，教育委員会に対し，その実施を依頼し，又は実施の協

力を求める場合に準用する。

第八条　教育委員会は，社会教育に関する事務を行うために必要があるときは，当該地方公共団体の長及び関係行政庁に対し，必要な資料の提供その他の協力を求めることができる。

(図書館及び博物館)

第九条　図書館及び博物館は，社会教育のための機関とする。

2　図書館及び博物館に関し必要な事項は，別に法律をもつて定める。

第二章　社会教育主事及び社会教育主事補

(社会教育主事及び社会教育主事補の設置)

第九条の二　都道府県及び市町村の教育委員会の事務局に，社会教育主事を置く。

2　都道府県及び市町村の教育委員会の事務局に，社会教育主事補を置くことができる。

(社会教育主事及び社会教育主事補の職務)

第九条の三　社会教育主事は，社会教育を行う者に専門的技術的な助言と指導を与える。ただし，命令及び監督をしてはならない。

2　社会教育主事は，学校が社会教育関係団体，地域住民その他の関係者の協力を得て教育活動を行う場合には，その求めに応じて，必要な助言を行うことができる。

3　社会教育主事補は，社会教育主事の職務を助ける。

(社会教育主事の資格)

第九条の四　次の各号のいずれかに該当する者は，社会教育主事となる資格を有する。

一　大学に二年以上在学して六十二単位以上を修得し，又は高等専門学校を卒業し，かつ，次に掲げる期間を通算した期間が三年以上になる者で，次条の規定による社会教育主事の講習を修了したもの

イ　社会教育主事補の職にあつた期間

ロ　官公署，学校，社会教育施設又は社会教育関係団体における職で司書，学芸員その他の社会教育主事補の職と同等以上の職として文部科学大臣の指定するものにあつた期間

ハ　官公署，学校，社会教育施設又は社会教育関係団体が実施する社会教育に関係のある事業における業務であつて，社会教育主事として必要な知識又は技能の習得に資するものとして文部科学大臣が指定するものに従事した期間（イ又はロに掲げる期間に該当する期間を除く。）

二　教育職員の普通免許状を有し，かつ，五年以上文部科学大臣の指定する教育に関する職にあつた者で，次条の規定による社会教育主事の講習を修了したもの

三　大学に二年以上在学して，六十二単位以上を修得し，かつ，大学において文部科学省令で定める社会教育に関する科目の単位を修得した者で，第一号イからハまでに掲げる期間を通算した期間が一年以上になるもの

四　次条の規定による社会教育主事の講習を修了した者（第一号及び第二号に掲げる者を除く。）で，社会教育に関する専門的事項について前三号に掲げる者に相当する教養と経験があると都道府県の教育委員会が認定したもの

(社会教育主事の講習)

第九条の五　社会教育主事の講習は，文部科学大臣の委嘱を受けた大学その他の教育機関が行う。

2　受講資格その他社会教育主事の講習に関

し必要な事項は，文部科学省令で定める。

(社会教育主事及び社会教育主事補の研修)

第九条の六　社会教育主事及び社会教育主事補の研修は，任命権者が行うもののほか，文部科学大臣及び都道府県が行う。

第三章　社会教育関係団体

(社会教育関係団体の定義)

第十条　この法律で「社会教育関係団体」とは，法人であると否とを問わず，公の支配に属しない団体で社会教育に関する事業を行うことを主たる目的とするものをいう。

(文部科学大臣及び教育委員会との関係)

第十一条　文部科学大臣及び教育委員会は，社会教育関係団体の求めに応じ，これに対し，専門的技術的指導又は助言を与えることができる。

2　文部科学大臣及び教育委員会は，社会教育関係団体の求めに応じ，これに対し，社会教育に関する事業に必要な物資の確保につき援助を行う。

(国及び地方公共団体との関係)

第十二条　国及び地方公共団体は，社会教育関係団体に対し，いかなる方法によつても，不当に統制的支配を及ぼし，又はその事業に干渉を加えてはならない。

(審議会等への諮問)

第十三条　国又は地方公共団体が社会教育関係団体に対し補助金を交付しようとする場合には，あらかじめ，国にあつては文部科学大臣が審議会等(国家行政組織法(昭和二十三年法律第百二十号)第八条に規定する機関をいう。第五十一条第三項において同じ。)で政令で定めるものの，地方公共団体にあつては教育委員会が社会教育委員の会議(社会教育委員が置かれていない場合には，条例で定めるところにより社会教育に係る補助金の交付に関する事項を調査審議する審議会その他の合議制の機関)の意見を聴いて行わなければならない。

(報告)

第十四条　文部科学大臣及び教育委員会は，社会教育関係団体に対し，指導資料の作製及び調査研究のために必要な報告を求めることができる。

第四章　社会教育委員

(社会教育委員の設置)

第十五条　都道府県及び市町村に社会教育委員を置くことができる。

2　社会教育委員は，教育委員会が委嘱する。

(削除)

第十六条　削除

(社会教育委員の職務)

第十七条　社会教育委員は，社会教育に関し教育長を経て教育委員会に助言するため，左の職務を行う。

一　社会教育に関する諸計画を立案すること。

二　定時又は臨時に会議を開き，教育委員会の諮問に応じ，これに対して，意見を述べること。

三　前二号の職務を行うために必要な研究調査を行うこと。

2　社会教育委員は，教育委員会の会議に出席して社会教育に関し意見を述べることができる。

3　市町村の社会教育委員は，当該市町村の教育委員会から委嘱を受けた青少年教育に関する特定の事項について，社会教育関係団体，社会教育指導者その他関係者に対し，

助言と指導を与えることができる。
(社会教育委員の委嘱の基準等)
第十八条　社会教育委員の委嘱の基準，定数及び任期その他社会教育委員に関し必要な事項は，当該地方公共団体の条例で定める。この場合において，社会教育委員の委嘱の基準については，文部科学省令で定める基準を参酌するものとする。

第十九条　削除

第五章　公民館

(目的)
第二十条　公民館は，市町村その他一定区域内の住民のために，実際生活に即する教育，学術及び文化に関する各種の事業を行い，もつて住民の教養の向上，健康の増進，情操の純化を図り，生活文化の振興，社会福祉の増進に寄与することを目的とする。

(公民館の設置者)
第二十一条　公民館は，市町村が設置する。
2　前項の場合を除くほか，公民館は，公民館の設置を目的とする一般社団法人又は一般財団法人(以下この章において「法人」という。)でなければ設置することができない。
3　公民館の事業の運営上必要があるときは，公民館に分館を設けることができる。

(公民館の事業)
第二十二条　公民館は，第二十条の目的達成のために，おおむね，左の事業を行う。但し，この法律及び他の法令によつて禁じられたものは，この限りでない。
一　定期講座を開設すること。
二　討論会，講習会，講演会，実習会，展示会等を開催すること。
三　図書，記録，模型，資料等を備え，その利用を図ること。
四　体育，レクリエーション等に関する集会を開催すること。
五　各種の団体，機関等の連絡を図ること。
六　その施設を住民の集会その他の公共的利用に供すること。

(公民館の運営方針)
第二十三条　公民館は，次の行為を行つてはならない。
一　もつぱら営利を目的として事業を行い，特定の営利事務に公民館の名称を利用させその他営利事業を援助すること。
二　特定の政党の利害に関する事業を行い，又は公私の選挙に関し，特定の候補者を支持すること。
2　市町村の設置する公民館は，特定の宗教を支持し，又は特定の教派，宗派若しくは教団を支援してはならない。

(公民館の基準)
第二十三条の二　文部科学大臣は，公民館の健全な発達を図るために，公民館の設置及び運営上必要な基準を定めるものとする。
2　文部科学大臣及び都道府県の教育委員会は，市町村の設置する公民館が前項の基準に従つて設置され及び運営されるように，当該市町村に対し，指導，助言その他の援助に努めるものとする。

(公民館の設置)
第二十四条　市町村が公民館を設置しようとするときは，条例で，公民館の設置及び管理に関する事項を定めなければならない。

第二十五条及び第二十六条　削除

(公民館の職員)
第二十七条　公民館に館長を置き，主事その他必要な職員を置くことができる。
2　館長は，公民館の行う各種の事業の企画

実施その他必要な事務を行い，所属職員を監督する。

3　主事は，館長の命を受け，公民館の事業の実施にあたる。

第二十八条　市町村の設置する公民館の館長，主事その他必要な職員は，教育長の推薦により，当該市町村の教育委員会が任命する。

（公民館の職員の研修）

第二十八条の二　第九条の六の規定は，公民館の職員の研修について準用する。

（公民館運営審議会）

第二十九条　公民館に公民館運営審議会を置くことができる。

2　公民館運営審議会は，館長の諮問に応じ，公民館における各種の事業の企画実施につき調査審議するものとする。

第三十条　市町村の設置する公民館にあつては，公民館運営審議会の委員は，当該市町村の教育委員会が委嘱する。

2　前項の公民館運営審議会の委員の委嘱の基準，定数及び任期その他当該公民館運営審議会に関し必要な事項は，当該市町村の条例で定める。この場合において，委員の委嘱の基準については，文部科学省令で定める基準を参酌するものとする。

第三十一条　法人の設置する公民館に公民館運営審議会を置く場合にあつては，その委員は，当該法人の役員をもつて充てるものとする。

（運営の状況に関する評価等）

第三十二条　公民館は，当該公民館の運営の状況について評価を行うとともに，その結果に基づき公民館の運営の改善を図るため必要な措置を講ずるよう努めなければならない。

（運営の状況に関する情報の提供）

第三十二条の二　公民館は，当該公民館の事業に関する地域住民その他の関係者の理解を深めるとともに，これらの者との連携及び協力の推進に資するため，当該公民館の運営の状況に関する情報を積極的に提供するよう努めなければならない。

（基金）

第三十三条　公民館を設置する市町村にあつては，公民館の維持運営のために，地方自治法（昭和二十二年法律第六十七号）第二百四十一条の基金を設けることができる。

（特別会計）

第三十四条　公民館を設置する市町村にあつては，公民館の維持運営のために，特別会計を設けることができる。

（公民館の補助）

第三十五条　国は，公民館を設置する市町村に対し，予算の範囲内において，公民館の施設，設備に要する経費その他必要な経費の一部を補助することができる。

2　前項の補助金の交付に関し必要な事項は，政令で定める。

第三十六条　削除

第三十七条　都道府県が地方自治法第二百三十二条の二の規定により，公民館の運営に要する経費を補助する場合において，文部科学大臣は，政令の定めるところにより，その補助金の額，補助の比率，補助の方法その他必要な事項につき報告を求めることができる。

第三十八条　国庫の補助を受けた市町村は，左に掲げる場合においては，その受けた補助金を国庫に返還しなければならない。

一　公民館がこの法律若しくはこの法律に基

く命令又はこれらに基いてした処分に違反したとき。
二　公民館がその事業の全部若しくは一部を廃止し,又は第二十条に掲げる目的以外の用途に利用されるようになつたとき。
三　補助金交付の条件に違反したとき。
四　虚偽の方法で補助金の交付を受けたとき。

(法人の設置する公民館の指導)
第三十九条　文部科学大臣及び都道府県の教育委員会は,法人の設置する公民館の運営その他に関し,その求めに応じて,必要な指導及び助言を与えることができる。

(公民館の事業又は行為の停止)
第四十条　公民館が第二十三条の規定に違反する行為を行つたときは,市町村の設置する公民館にあつては市町村の教育委員会,法人の設置する公民館にあつては都道府県の教育委員会は,その事業又は行為の停止を命ずることができる。
2　前項の規定による法人の設置する公民館の事業又は行為の停止命令に関し必要な事項は,都道府県の条例で定めることができる。

(罰則)
第四十一条　前条第一項の規定による公民館の事業又は行為の停止命令に違反する行為をした者は,一年以下の懲役若しくは禁錮又は三万円以下の罰金に処する。

(公民館類似施設)
第四十二条　公民館に類似する施設は,何人もこれを設置することができる。
2　前項の施設の運営その他に関しては,第三十九条の規定を準用する。

第六章　学校施設の利用

(適用範囲)
第四十三条　社会教育のためにする国立学校(学校教育法第二条第二項 に規定する国立学校をいう。以下同じ。)又は公立学校(同項 に規定する公立学校をいう。以下同じ。)の施設の利用に関しては,この章の定めるところによる。

(学校施設の利用)
第四十四条　学校(国立学校又は公立学校をいう。以下この章において同じ。)の管理機関は,学校教育上支障がないと認める限り,その管理する学校の施設を社会教育のために利用に供するように努めなければならない。
2　前項において「学校の管理機関」とは,国立学校にあつては設置者である国立大学法人(国立大学法人法(平成十五年法律第百十二号)第二条第一項 に規定する国立大学法人をいう。)の学長又は独立行政法人国立高等専門学校機構の理事長,公立学校のうち,大学にあつては設置者である地方公共団体の長又は公立大学法人(地方独立行政法人法(平成十五年法律第百十八号)第六十八条第一項 に規定する公立大学法人をいう。以下この項及び第四十八条第一項 において同じ。)の理事長,高等専門学校にあつては設置者である地方公共団体に設置されている教育委員会又は公立大学法人の理事長,大学及び高等専門学校以外の学校にあつては設置者である地方公共団体に設置されている教育委員会をいう。

(学校施設利用の許可)
第四十五条　社会教育のために学校の施設を利用しようとする者は,当該学校の管理機

関の許可を受けなければならない。
2　前項の規定により，学校の管理機関が学校施設の利用を許可しようとするときは，あらかじめ，学校の長の意見を聞かなければならない。

第四十六条　国又は地方公共団体が社会教育のために，学校の施設を利用しようとするときは，前条の規定にかかわらず，当該学校の管理機関と協議するものとする。

第四十七条　第四十五条の規定による学校施設の利用が一時的である場合には，学校の管理機関は，同条第一項の許可に関する権限を学校の長に委任することができる。
2　前項の権限の委任その他学校施設の利用に関し必要な事項は，学校の管理機関が定める。

（社会教育の講座）
第四十八条　文部科学大臣は国立学校に対し，地方公共団体の長は当該地方公共団体が設置する大学又は当該地方公共団体が設立する公立大学法人が設置する大学若しくは高等専門学校に対し，地方公共団体に設置されている教育委員会は当該地方公共団体が設置する大学以外の公立学校に対し，その教育組織及び学校の施設の状況に応じ，文化講座，専門講座，夏期講座，社会学級講座等学校施設の利用による社会教育のための講座の開設を求めることができる。
2　文化講座は，成人の一般的教養に関し，専門講座は，成人の専門的学術知識に関し，夏期講座は，夏期休暇中，成人の一般的教養又は専門的学術知識に関し，それぞれ大学，高等専門学校又は高等学校において開設する。
3　社会学級講座は，成人の一般的教養に関し，小学校又は中学校において開設する。

4　第一項の規定する講座を担当する講師の報酬その他必要な経費は，予算の範囲内において，国又は地方公共団体が負担する。

第七章　通信教育

（適用範囲）
第四十九条　学校教育法第五十四条，第七十条第一項，第八十二条及び第八十四条の規定により行うものを除き，通信による教育に関しては，この章の定めるところによる。

（通信教育の定義）
第五十条　この法律において「通信教育」とは，通信の方法により一定の教育計画の下に，教材，補助教材等を受講者に送付し，これに基き，設問解答，添削指導，質疑応答等を行う教育をいう。
2　通信教育を行う者は，その計画実現のために，必要な指導者を置かなければならない。

（通信教育の認定）
第五十一条　文部科学大臣は，学校又は一般社団法人若しくは一般財団法人の行う通信教育で社会教育上奨励すべきものについて，通信教育の認定（以下「認定」という。）を与えることができる。
2　認定を受けようとする者は，文部科学大臣の定めるところにより，文部科学大臣に申請しなければならない。
3　文部科学大臣が，第一項の規定により，認定を与えようとするときは，あらかじめ，第十三条の政令で定める審議会等に諮問しなければならない。

（認定手数料）
第五十二条　文部科学大臣は，認定を申請する者から実費の範囲内において文部科学省

令で定める額の手数料を徴収することができる。ただし，国立学校又は公立学校が行う通信教育に関しては，この限りでない。

第五十三条　削除

（郵便料金の特別取扱）

第五十四条　認定を受けた通信教育に要する郵便料金については，郵便法（昭和二十二年法律第百六十五号）の定めるところにより，特別の取扱を受けるものとする。

（通信教育の廃止）

第五十五条　認定を受けた通信教育を廃止しようとするとき，又はその条件を変更しようとするときは，文部科学大臣の定めるところにより，その許可を受けなければならない。

2　前項の許可に関しては，第五十一条第三項の規定を準用する。

（報告及び措置）

第五十六条　文部科学大臣は，認定を受けた者に対し，必要な報告を求め，又は必要な措置を命ずることができる。

（認定の取消）

第五十七条　認定を受けた者がこの法律若しくはこの法律に基く命令又はこれらに基いてした処分に違反したときは，文部科学大臣は，認定を取り消すことができる。

2　前項の認定の取消に関しては，第五十一条第三項の規定を準用する。

図書館法

(昭和二十五年四月三十日法律第百十八号)
最終改正:平成二三年一二月一四日法律第一二二号

第一章　総則

(この法律の目的)

第一条　この法律は,社会教育法(昭和二十四年法律第二百七号)の精神に基き,図書館の設置及び運営に関して必要な事項を定め,その健全な発達を図り,もつて国民の教育と文化の発展に寄与することを目的とする。

(定義)

第二条　この法律において「図書館」とは,図書,記録その他必要な資料を収集し,整理し,保存して,一般公衆の利用に供し,その教養,調査研究,レクリエーション等に資することを目的とする施設で,地方公共団体,日本赤十字社又は一般社団法人若しくは一般財団法人が設置するもの(学校に附属する図書館又は図書室を除く。)をいう。

2　前項の図書館のうち,地方公共団体の設置する図書館を公立図書館といい,日本赤十字社又は一般社団法人若しくは一般財団法人の設置する図書館を私立図書館という。

(図書館奉仕)

第三条　図書館は,図書館奉仕のため,土地の事情及び一般公衆の希望に沿い,更に学校教育を援助し,及び家庭教育の向上に資することとなるように留意し,おおむね次に掲げる事項の実施に努めなければならない。

一　郷土資料,地方行政資料,美術品,レコード及びフィルムの収集にも十分留意して,図書,記録,視聴覚教育の資料その他必要な資料(電磁的記録(電子的方式,磁気的方式その他人の知覚によつては認識することができない方式で作られた記録をいう。)を含む。以下「図書館資料」という。)を収集し,一般公衆の利用に供すること。

二　図書館資料の分類排列を適切にし,及びその目録を整備すること。

三　図書館の職員が図書館資料について十分な知識を持ち,その利用のための相談に応ずるようにすること。

四　他の図書館,国立国会図書館,地方公共団体の議会に附置する図書室及び学校に附属する図書館又は図書室と緊密に連絡し,協力し,図書館資料の相互貸借を行うこと。

五　分館,閲覧所,配本所等を設置し,及び自動車文庫,貸出文庫の巡回を行うこと。

六　読書会,研究会,鑑賞会,映写会,資料展示会等を主催し,及びこれらの開催を奨励すること。

七　時事に関する情報及び参考資料を紹介し,及び提供すること。

八　社会教育における学習の機会を利用して行つた学習の成果を活用して行う教育活動

その他の活動の機会を提供し，及びその提供を奨励すること。
九　学校，博物館，公民館，研究所等と緊密に連絡し，協力すること。

（司書及び司書補）
第四条　図書館に置かれる専門的職員を司書及び司書補と称する。
2　司書は，図書館の専門的事務に従事する。
3　司書補は，司書の職務を助ける。

（司書及び司書補の資格）
第五条　次の各号のいずれかに該当する者は，司書となる資格を有する。
一　大学を卒業した者で大学において文部科学省令で定める図書館に関する科目を履修したもの
二　大学又は高等専門学校を卒業した者で次条の規定による司書の講習を修了したもの
三　次に掲げる職にあつた期間が通算して三年以上になる者で次条の規定による司書の講習を修了したもの
イ　司書補の職
ロ　国立国会図書館又は大学若しくは高等専門学校の附属図書館における職で司書補の職に相当するもの
ハ　ロに掲げるもののほか，官公署，学校又は社会教育施設における職で社会教育主事，学芸員その他の司書補の職と同等以上の職として文部科学大臣が指定するもの
2　次の各号のいずれかに該当する者は，司書補となる資格を有する。
一　司書の資格を有する者
二　学校教育法（昭和二十二年法律第二十六号）第九十条第一項の規定により大学に入学することのできる者で次条の規定による司書補の講習を修了したもの

（司書及び司書補の講習）
第六条　司書及び司書補の講習は，大学が，文部科学大臣の委嘱を受けて行う。
2　司書及び司書補の講習に関し，履修すべき科目，単位その他必要な事項は，文部科学省令で定める。ただし，その履修すべき単位数は，十五単位を下ることができない。

（司書及び司書補の研修）
第七条　文部科学大臣及び都道府県の教育委員会は，司書及び司書補に対し，その資質の向上のために必要な研修を行うよう努めるものとする。

（設置及び運営上望ましい基準）
第七条の二　文部科学大臣は，図書館の健全な発達を図るために，図書館の設置及び運営上望ましい基準を定め，これを公表するものとする。

（運営の状況に関する評価等）
第七条の三　図書館は，当該図書館の運営の状況について評価を行うとともに，その結果に基づき図書館の運営の改善を図るため必要な措置を講ずるよう努めなければならない。

（運営の状況に関する情報の提供）
第七条の四　図書館は，当該図書館の図書館奉仕に関する地域住民その他の関係者の理解を深めるとともに，これらの者との連携及び協力の推進に資するため，当該図書館の運営の状況に関する情報を積極的に提供するよう努めなければならない。

（協力の依頼）
第八条　都道府県の教育委員会は，当該都道府県内の図書館奉仕を促進するために，市（特別区を含む。以下同じ。）町村の教育委員会に対し，総合目録の作製，貸出文庫の

巡回，図書館資料の相互貸借等に関して協力を求めることができる。

（公の出版物の収集）

第九条　政府は，都道府県の設置する図書館に対し，官報その他一般公衆に対する広報の用に供せられる独立行政法人国立印刷局の刊行物を二部提供するものとする。

2　国及び地方公共団体の機関は，公立図書館の求めに応じ，これに対して，それぞれの発行する刊行物その他の資料を無償で提供することができる。

第二章　公立図書館

（設置）

第十条　公立図書館の設置に関する事項は，当該図書館を設置する地方公共団体の条例で定めなければならない。

第十一条　削除

第十二条　削除

（職員）

第十三条　公立図書館に館長並びに当該図書館を設置する地方公共団体の教育委員会が必要と認める専門的職員，事務職員及び技術職員を置く。

2　館長は，館務を掌理し，所属職員を監督して，図書館奉仕の機能の達成に努めなければならない。

（図書館協議会）

第十四条　公立図書館に図書館協議会を置くことができる。

2　図書館協議会は，図書館の運営に関し館長の諮問に応ずるとともに，図書館の行う図書館奉仕につき，館長に対して意見を述べる機関とする。

第十五条　図書館協議会の委員は，当該図書館を設置する地方公共団体の教育委員会が任命する。

第十六条　図書館協議会の設置，その委員の任命の基準，定数及び任期その他図書館協議会に関し必要な事項については，当該図書館を設置する地方公共団体の条例で定めなければならない。この場合において，委員の任命の基準については，文部科学省令で定める基準を参酌するものとする。

（入館料等）

第十七条　公立図書館は，入館料その他図書館資料の利用に対するいかなる対価をも徴収してはならない。

第十八条　削除

第十九条　削除

（図書館の補助）

第二十条　国は，図書館を設置する地方公共団体に対し，予算の範囲内において，図書館の施設，設備に要する経費その他必要な経費の一部を補助することができる。

2　前項の補助金の交付に関し必要な事項は，政令で定める。

第二十一条　削除

第二十二条　削除

第二十三条　国は，第二十条の規定による補助金の交付をした場合において，左の各号の一に該当するときは，当該年度におけるその後の補助金の交付をやめるとともに，既に交付した当該年度の補助金を返還させなければならない。

一　図書館がこの法律の規定に違反したとき。

二　地方公共団体が補助金の交付の条件に違反したとき。

三　地方公共団体が虚偽の方法で補助金の交付を受けたとき。

第三章　私立図書館

第二十四条　削除

（都道府県の教育委員会との関係）

第二十五条　都道府県の教育委員会は，私立図書館に対し，指導資料の作製及び調査研究のために必要な報告を求めることができる。

2　都道府県の教育委員会は，私立図書館に対し，その求めに応じて，私立図書館の設置及び運営に関して，専門的，技術的の指導又は助言を与えることができる。

（国及び地方公共団体との関係）

第二十六条　国及び地方公共団体は，私立図書館の事業に干渉を加え，又は図書館を設置する法人に対し，補助金を交付してはならない。

第二十七条　国及び地方公共団体は，私立図書館に対し，その求めに応じて，必要な物資の確保につき，援助を与えることができる。

（入館料等）

第二十八条　私立図書館は，入館料その他図書館資料の利用に対する対価を徴収することができる。

（図書館同種施設）

第二十九条　図書館と同種の施設は，何人もこれを設置することができる。

2　第二十五条第二項の規定は，前項の施設について準用する。

附　則　抄

1　この法律は，公布の日から起算して三月を経過した日から施行する。但し，第十七条の規定は，昭和二十六年四月一日から施行する。

2　図書館令（昭和八年勅令第百七十五号），公立図書館職員令（昭和八年勅令第百七十六号）及び公立図書館司書検定試験規程（昭和十一年文部省令第十八号）は，廃止する。

4　この法律施行の際，現に公立図書館，旧図書館令第四条若しくは第五条の規定により設置された図書館，国立国会図書館又は学校に附属する図書館において館長若しくは司書又は司書補の職務に相当する職務に従事する職員（大学以外の学校に附属する図書館の職員にあつては，教育職員免許法（昭和二十四年法律第百四十七号）第四条に規定する普通免許状若しくは仮免許状を有する者又は教育職員免許法施行法（昭和二十四年法律第百四十八号）第一条の規定により普通免許状若しくは仮免許状を有するものとみなされる者に限る。）は，第五条の規定にかかわらず，この法律施行後五年間は，それぞれ司書又は司書補となる資格を有するものとする。

5　この法律施行の際，現に公立図書館又は私立図書館において館長，司書又は司書補の職務に相当する職務に従事する職員は，別に辞令を発せられない限り，それぞれ館長，司書又は司書補となつたものとする。

6　第四項の規定により司書又は司書補となる資格を有する者は，この法律施行後五年間に第六条の規定による司書又は司書補の講習を受けた場合においては，この法律施行後五年を経過した日以後においても，第五条の規定にかかわらず，司書又は司書補となる資格を有するものとする。但し，第四項の規定により司書補となる資格を有する者（大学を卒業した者を除く。）が司書の講習を受けた場合においては，第五条第一

項第三号の規定の適用があるものとする。
7　旧図書館職員養成所を卒業した者は，第五条の規定にかかわらず，司書となる資格を有するものとする。
8　旧国立図書館附属図書館職員養成所又は旧文部省図書館講習所を卒業した者及び旧公立図書館司書検定試験規程による検定試験に合格した者は，第六条の規定による司書の講習を受けた場合においては，第五条の規定にかかわらず，司書となる資格を有するものとする。
10　第五条第一項並びに附則第四項及び第六項の大学には，旧大学令（大正七年勅令第三百八十八号），旧高等学校令（大正七年勅令第三百八十九号），旧専門学校令（明治三十六年勅令第六十一号）又は旧教員養成諸学校官制（昭和二十一年勅令第二百八号）の規定による大学，大学予科，高等学校高等科，専門学校及び教員養成諸学校並びに文部科学省令で定めるこれらの学校に準ずる学校を含み，第五条第二項第二号に規定する学校教育法第九十条第一項の規定により大学に入学することのできる者には，旧中等学校令（昭和十八年勅令第三十六号），旧高等学校令若しくは旧青年学校令（昭和十四年勅令第二百五十四号）の規定による中等学校，高等学校尋常科若しくは青年学校本科又は文部科学省令で定めるこれらの学校に準ずる学校を卒業し，又は修了した者を含むものとする。
11　この法律施行の際，現に市町村の設置する図書館に勤務する職員で地方自治法（昭和二十二年法律第六十七号）施行の際官吏であつたものは，別に辞令を発せられない限り，当該図書館を設置する市町村の職員に任命されたものとする。

博物館法

(昭和二十六年十二月一日法律第二百八十五号)
最終改正：平成二六年六月四日法律第五一号

第一章　総則

(この法律の目的)

第一条　この法律は，社会教育法（昭和二十四年法律第二百七号）の精神に基き，博物館の設置及び運営に関して必要な事項を定め，その健全な発達を図り，もつて国民の教育，学術及び文化の発展に寄与することを目的とする。

(定義)

第二条　この法律において「博物館」とは，歴史，芸術，民俗，産業，自然科学等に関する資料を収集し，保管（育成を含む。以下同じ。）し，展示して教育的配慮の下に一般公衆の利用に供し，その教養，調査研究，レクリエーション等に資するために必要な事業を行い，あわせてこれらの資料に関する調査研究をすることを目的とする機関（社会教育法による公民館及び図書館法（昭和二十五年法律第百十八号）による図書館を除く。）のうち，地方公共団体，一般社団法人若しくは一般財団法人，宗教法人又は政令で定めるその他の法人（独立行政法人（独立行政法人通則法（平成十一年法律第百三号）第二条第一項に規定する独立行政法人をいう。第二十九条において同じ。）を除く。）が設置するもので次章の規定による登録を受けたものをいう。

2　この法律において，「公立博物館」とは，地方公共団体の設置する博物館をいい，「私立博物館」とは，一般社団法人若しくは一般財団法人，宗教法人又は前項の政令で定める法人の設置する博物館をいう。

3　この法律において「博物館資料」とは，博物館が収集し，保管し，又は展示する資料（電磁的記録（電子的方式，磁気的方式その他人の知覚によつては認識することができない方式で作られた記録をいう。）を含む。）をいう。

(博物館の事業)

第三条　博物館は，前条第一項に規定する目的を達成するため，おおむね次に掲げる事業を行う。

一　実物，標本，模写，模型，文献，図表，写真，フィルム，レコード等の博物館資料を豊富に収集し，保管し，及び展示すること。

二　分館を設置し，又は博物館資料を当該博物館外で展示すること。

三　一般公衆に対して，博物館資料の利用に関し必要な説明，助言，指導等を行い，又は研究室，実験室，工作室，図書室等を設置してこれを利用させること。

四　博物館資料に関する専門的，技術的な調査研究を行うこと。

五　博物館資料の保管及び展示等に関する技術的研究を行うこと。

六　博物館資料に関する案内書，解説書，目

録，図録，年報，調査研究の報告書等を作成し，及び頒布すること。
七　博物館資料に関する講演会，講習会，映写会，研究会等を主催し，及びその開催を援助すること。
八　当該博物館の所在地又はその周辺にある文化財保護法（昭和二十五年法律第二百十四号）の適用を受ける文化財について，解説書又は目録を作成する等一般公衆の当該文化財の利用の便を図ること。
九　社会教育における学習の機会を利用して行つた学習の成果を活用して行う教育活動その他の活動の機会を提供し，及びその提供を奨励すること。
十　他の博物館，博物館と同一の目的を有する国の施設等と緊密に連絡し，協力し，刊行物及び情報の交換，博物館資料の相互貸借等を行うこと。
十一　学校，図書館，研究所，公民館等の教育，学術又は文化に関する諸施設と協力し，その活動を援助すること。
2　博物館は，その事業を行うに当つては，土地の事情を考慮し，国民の実生活の向上に資し，更に学校教育を援助し得るようにも留意しなければならない。

（館長，学芸員その他の職員）
第四条　博物館に，館長を置く。
2　館長は，館務を掌理し，所属職員を監督して，博物館の任務の達成に努める。
3　博物館に，専門的職員として学芸員を置く。
4　学芸員は，博物館資料の収集，保管，展示及び調査研究その他これと関連する事業についての専門的事項をつかさどる。
5　博物館に，館長及び学芸員のほか，学芸員補その他の職員を置くことができる。

6　学芸員補は，学芸員の職務を助ける。
（学芸員の資格）
第五条　次の各号のいずれかに該当する者は，学芸員となる資格を有する。
一　学士の学位を有する者で，大学において文部科学省令で定める博物館に関する科目の単位を修得したもの
二　大学に二年以上在学し，前号の博物館に関する科目の単位を含めて六十二単位以上を修得した者で，三年以上学芸員補の職にあつたもの
三　文部科学大臣が，文部科学省令で定めるところにより，前二号に掲げる者と同等以上の学力及び経験を有する者と認めた者
2　前項第二号の学芸員補の職には，官公署，学校又は社会教育施設（博物館の事業に類する事業を行う施設を含む。）における職で，社会教育主事，司書その他の学芸員補の職と同等以上の職として文部科学大臣が指定するものを含むものとする。

（学芸員補の資格）
第六条　学校教育法（昭和二十二年法律第二十六号）第九十条第一項の規定により大学に入学することのできる者は，学芸員補となる資格を有する。

（学芸員及び学芸員補の研修）
第七条　文部科学大臣及び都道府県の教育委員会は，学芸員及び学芸員補に対し，その資質の向上のために必要な研修を行うよう努めるものとする。

（設置及び運営上望ましい基準）
第八条　文部科学大臣は，博物館の健全な発達を図るために，博物館の設置及び運営上望ましい基準を定め，これを公表するものとする。

（運営の状況に関する評価等）

第九条　博物館は，当該博物館の運営の状況について評価を行うとともに，その結果に基づき博物館の運営の改善を図るため必要な措置を講ずるよう努めなければならない。

（運営の状況に関する情報の提供）
第九条の二　博物館は，当該博物館の事業に関する地域住民その他の関係者の理解を深めるとともに，これらの者との連携及び協力の推進に資するため，当該博物館の運営の状況に関する情報を積極的に提供するよう努めなければならない。

第二章　登録

（登録）
第十条　博物館を設置しようとする者は，当該博物館について，当該博物館の所在する都道府県の教育委員会に備える博物館登録原簿に登録を受けるものとする。

（登録の申請）
第十一条　前条の規定による登録を受けようとする者は，設置しようとする博物館について，左に掲げる事項を記載した登録申請書を都道府県の教育委員会に提出しなければならない。
一　設置者の名称及び私立博物館にあつては設置者の住所
二　名称
三　所在地
2　前項の登録申請書には，次に掲げる書類を添付しなければならない。
一　公立博物館にあつては，設置条例の写し，館則の写し，直接博物館の用に供する建物及び土地の面積を記載した書面及びその図面，当該年度における事業計画書及び予算の歳出の見積りに関する書類，博物館資料の目録並びに館長及び学芸員の氏名を記載した書面
二　私立博物館にあつては，当該法人の定款の写し又は当該宗教法人の規則の写し，館則の写し，直接博物館の用に供する建物及び土地の面積を記載した書面及びその図面，当該年度における事業計画書及び収支の見積りに関する書類，博物館資料の目録並びに館長及び学芸員の氏名を記載した書面

（登録要件の審査）
第十二条　都道府県の教育委員会は，前条の規定による登録の申請があつた場合においては，当該申請に係る博物館が左に掲げる要件を備えているかどうかを審査し，備えていると認めたときは，同条第一項各号に掲げる事項及び登録の年月日を博物館登録原簿に登録するとともに登録した旨を当該登録申請者に通知し，備えていないと認めたときは，登録しない旨をその理由を附記した書面で当該登録申請者に通知しなければならない。
一　第二条第一項に規定する目的を達成するために必要な博物館資料があること。
二　第二条第一項に規定する目的を達成するために必要な学芸員その他の職員を有すること。
三　第二条第一項に規定する目的を達成するために必要な建物及び土地があること。
四　一年を通じて百五十日以上開館すること。

（登録事項等の変更）
第十三条　博物館の設置者は，第十一条第一項各号に掲げる事項について変更があつたとき，又は同条第二項に規定する添付書類の記載事項について重要な変更があつたときは，その旨を都道府県の教育委員会に届

け出なければならない。

2　都道府県の教育委員会は，第十一条第一項各号に掲げる事項に変更があつたことを知つたときは，当該博物館に係る登録事項の変更登録をしなければならない。

（登録の取消）

第十四条　都道府県の教育委員会は，博物館が第十二条各号に掲げる要件を欠くに至つたものと認めたとき，又は虚偽の申請に基いて登録した事実を発見したときは，当該博物館に係る登録を取り消さなければならない。但し，博物館が天災その他やむを得ない事由により要件を欠くに至つた場合においては，その要件を欠くに至つた日から二年間はこの限りでない。

2　都道府県の教育委員会は，前項の規定により登録の取消しをしたときは，当該博物館の設置者に対し，速やかにその旨を通知しなければならない。

（博物館の廃止）

第十五条　博物館の設置者は，博物館を廃止したときは，すみやかにその旨を都道府県の教育委員会に届け出なければならない。

2　都道府県の教育委員会は，博物館の設置者が当該博物館を廃止したときは，当該博物館に係る登録をまつ消しなければならない。

（規則への委任）

第十六条　この章に定めるものを除くほか，博物館の登録に関し必要な事項は，都道府県の教育委員会の規則で定める。

第十七条　削除

第三章　公立博物館

（設置）

第十八条　公立博物館の設置に関する事項は，当該博物館を設置する地方公共団体の条例で定めなければならない。

（所管）

第十九条　公立博物館は，当該博物館を設置する地方公共団体の教育委員会の所管に属する。

（博物館協議会）

第二十条　公立博物館に，博物館協議会を置くことができる。

2　博物館協議会は，博物館の運営に関し館長の諮問に応ずるとともに，館長に対して意見を述べる機関とする。

第二十一条　博物館協議会の委員は，当該博物館を設置する地方公共団体の教育委員会が任命する。

第二十二条　博物館協議会の設置，その委員の任命の基準，定数及び任期その他博物館協議会に関し必要な事項は，当該博物館を設置する地方公共団体の条例で定めなければならない。この場合において，委員の任命の基準については，文部科学省令で定める基準を参酌するものとする。

（入館料等）

第二十三条　公立博物館は，入館料その他博物館資料の利用に対する対価を徴収してはならない。但し，博物館の維持運営のためにやむを得ない事情のある場合は，必要な対価を徴収することができる。

（博物館の補助）

第二十四条　国は，博物館を設置する地方公共団体に対し，予算の範囲内において，博物館の施設，設備に要する経費その他必要な経費の一部を補助することができる。

2　前項の補助金の交付に関し必要な事項は，政令で定める。

第二十五条　削除

（補助金の交付中止及び補助金の返還）

第二十六条　国は，博物館を設置する地方公共団体に対し第二十四条の規定による補助金の交付をした場合において，左の各号の一に該当するときは，当該年度におけるその後の補助金の交付をやめるとともに，第一号の場合の取消が虚偽の申請に基いて登録した事実の発見に因るものである場合には，既に交付した補助金を，第三号及び第四号に該当する場合には，既に交付した当該年度の補助金を返還させなければならない。

一　当該博物館について，第十四条の規定による登録の取消があつたとき。
二　地方公共団体が当該博物館を廃止したとき。
三　地方公共団体が補助金の交付の条件に違反したとき。
四　地方公共団体が虚偽の方法で補助金の交付を受けたとき。

第四章　私立博物館

（都道府県の教育委員会との関係）

第二十七条　都道府県の教育委員会は，博物館に関する指導資料の作成及び調査研究のために，私立博物館に対し必要な報告を求めることができる。

2　都道府県の教育委員会は，私立博物館に対し，その求めに応じて，私立博物館の設置及び運営に関して，専門的，技術的の指導又は助言を与えることができる。

（国及び地方公共団体との関係）

第二十八条　国及び地方公共団体は，私立博物館に対し，その求めに応じて，必要な物資の確保につき援助を与えることができる。

第五章　雑則

（博物館に相当する施設）

第二十九条　博物館の事業に類する事業を行う施設で，国又は独立行政法人が設置する施設にあつては文部科学大臣が，その他の施設にあつては当該施設の所在する都道府県の教育委員会が，文部科学省令で定めるところにより，博物館に相当する施設として指定したものについては，第二十七条第二項の規定を準用する。

ユネスコ公共図書館宣言（1994年）

UNESCO Public Library Manifesto
1994

1994年11月採択
原文は英語

社会と個人の自由，繁栄および発展は人間にとっての基本的価値である。このことは，十分に情報を得ている市民が，その民主的権利を行使し，社会において積極的な役割を果たす能力によって，はじめて達成される。建設的に参加して民主主義を発展させることは，十分な教育が受けられ，知識，思想，文化および情報に自由かつ無制限に接し得ることにかかっている。

地域において知識を得る窓口である公共図書館は，個人および社会集団の生涯学習，独自の意思決定および文化的発展のための基本的条件を提供する。

この宣言は，公共図書館が教育，文化，情報の活力であり，男女の心の中に平和と精神的な幸福を育成するための必須の機関である，というユネスコの信念を表明するものである。

したがって，ユネスコは国および地方の政府が公共図書館の発展を支援し，かつ積極的に関与することを奨励する。

公共図書館

公共図書館は，その利用者があらゆる種類の知識と情報をたやすく入手できるようにする，地域の情報センターである。

公共図書館のサービスは，年齢，人種，性別，宗教，国籍，言語，あるいは社会的身分を問わず，すべての人が平等に利用できるという原則に基づいて提供される。理由は何であれ，通常のサービスや資料の利用ができない人々，たとえば言語上の少数グループ（マイノリティ），障害者，あるいは入院患者や受刑者に対しては，特別なサービスと資料が提供されなければならない。

いかなる年齢層の人々もその要求に応じた資料を見つけ出せなければならない。蔵書とサービスには，伝統的な資料とともに，あらゆる種類の適切なメディアと現代技術が含まれていなければならない。質の高い，地域の要求や状況に対応できるものであることが基本的要件である。資料には，人間の努力と想像の記憶とともに，現今の傾向や社会の進展が反映されていなければならない。

蔵書およびサービスは，いかなる種類の思想的，政治的，あるいは宗教的な検閲にも，また商業的な圧力にも屈してはならない。

公共図書館の使命

情報，識字，教育および文化に関連した以下の基本的使命を公共図書館サービスの核にしなければならない。

1. 幼い時期から子供たちの読書習慣を育成し，それを強化する。
2. あらゆる段階での正規の教育とともに，個人的および自主的な教育を支援する。
3. 個人の創造的な発展のための機会を提

供する。
4. 青少年の想像力と創造性に刺激を与える。
5. 文化遺産の認識，芸術，科学的な業績や革新についての理解を促進する。
6. あらゆる公演芸術の文化的表現に接しうるようにする。
7. 異文化間の交流を助長し，多様な文化が存立できるようにする。
8. 口述による伝承を援助する。
9. 市民がいかなる種類の地域情報をも入手できるようにする。
10. 地域の企業，協会および利益団体に対して適切な情報サービスを行う。
11. 容易に情報を検索し，コンピューターを駆使できるような技能の発達を促す。
12. あらゆる年齢層の人々のための識字活動とその計画を援助し，かつ，それに参加し，必要があれば，こうした活動を発足させる。

財政，法令，ネットワーク

* 公共図書館は原則として無料とし，地方および国の行政機関が責任を持つものとする。それは特定の法令によって維持され，国および地方自治体により経費が調達されなければならない。公共図書館は，文化，情報提供，識字および教育のためのいかなる長期政策においても，主要な構成要素でなければならない。

* 図書館の全国的な調整および協力を確実にするため，合意された基準に基づく全国的な図書館ネットワークが，法令および政策によって規定され，かつ推進されなければならない。

* 公共図書館ネットワークは，学校図書館や大学図書館だけでなく，国立図書館，地域の図書館，学術研究図書館および専門図書館とも関連して計画されなければならない。

運営と管理

* 地域社会の要求に対応して，目標，優先順位およびサービス内容を定めた明確な方針が策定されなければならない。公共図書館は効果的に組織され，専門的な基準によって運営されなければならない。

* 関連のある協力者，たとえば利用者グループおよびその他の専門職との地方，地域，全国および国際的な段階での協力が確保されなければならない。

* 地域社会のすべての人々がサービスを実際に利用できなければならない。それには適切な場所につくられた図書館の建物，読書および勉学のための良好な施設とともに，相応な技術の駆使と利用者に都合のよい十分な開館時間の設定が必要である。同様に図書館に来られない利用者に対するアウトリーチ・サービスも必要である。

* 図書館サービスは，農村や都会地といった異なる地域社会の要求に対応させなければならない。

* 図書館員は利用者と資料源との積極的な仲介者である。適切なサービスを確実に行うために，図書館員の専門教育と継続教育は欠くことができない。

* 利用者がすべての資料源から利益を得ることができるように，アウトリーチおよび利用者教育の計画が実施されなければならない。

宣言の履行

国および地方自治体の政策決定者，ならびに全世界の図書館界が，この宣言に表明された諸原則を履行することを，ここに強く要請する。

＊＊＊

この宣言は，国際図書館連盟（IFLA）の協力のもとに起草された。

図書館の設置及び運営上の望ましい基準

一　趣旨
1　この基準は，図書館法（昭和二十五年法律第百十八号。以下「法」という。）第七条の二の規定に基づく図書館の設置及び運営上の望ましい基準であり，図書館の健全な発展に資することを目的とする。
2　図書館は，この基準を踏まえ，法第三条に掲げる事項等の図書館サービスの実施に努めなければならない。

二　設置の基本
1　市（特別区を含む。以下同じ。）町村は，住民に対して適切な図書館サービスを行うことができるよう，住民の生活圏，図書館の利用圏等を十分に考慮し，市町村立図書館及び分館等の設置に努めるとともに，必要に応じ移動図書館の活用を行うものとする。併せて，市町村立図書館と公民館図書室等との連携を推進することにより，当該市町村の全域サービス網の整備に努めるものとする。
2　都道府県は，都道府県立図書館の拡充に努め，住民に対して適切な図書館サービスを行うとともに，図書館未設置の町村が多く存在することも踏まえ，当該都道府県内の図書館サービスの全体的な進展を図る観点に立って，市町村に対して市町村立図書館の設置及び運営に関する必要な指導・助言等を行うものとする。
3　公立図書館（法第二条第二項に規定する公立図書館をいう。以下同じ。）の設置に当たっては，サービス対象地域の人口分布と人口構成，面積，地形，交通網等を勘案して，適切な位置及び必要な図書館施設の床面積，蔵書収蔵能力，職員数等を確保するよう努めるものとする。

三　運営の基本
1　図書館の設置者は，当該図書館の設置の目的を適切に達成するため，司書及び司書補の確保並びに資質・能力の向上に十分留意しつつ，必要な管理運営体制の構築に努めるものとする。
2　市町村立図書館は，知識基盤社会における知識・情報の重要性を踏まえ，資料（電磁的記録を含む。以下同じ。）や情報の提供等の利用者及び住民に対する直接的なサービスの実施や，読書活動の振興を担う機関として，また，地域の情報拠点として，利用者及び住民の要望や社会の要請に応え，地域の実情に即した運営に努めるものとする。
3　都道府県立図書館は，前項に規定する事項に努めるほか，住民の需要を広域的かつ総合的に把握して，資料及び情報を体系的に収集，整理，保存及び提供すること等を通じて，市町村立図書館に対する円滑な図書館運営の確保のための援助に努めるとともに，当該都道府県内の図書館間の連絡調整等の推進に努めるものとする。
4　私立図書館（法第二条第二項に規定する私立図書館をいう。以下同じ。）は，当該図書館を設置する法人の目的及び当該図書館の設置の目的に基づき，広く公益に資するよう運営を行うことが望ましい。

5 図書館の設置者は，当該図書館の管理を他の者に行わせる場合には，当該図書館の事業の継続的かつ安定的な実施の確保，事業の水準の維持及び向上，司書及び司書補の確保並びに資質・能力の向上等が図られるよう，当該管理者との緊密な連携の下に，この基準に定められた事項が確実に実施されるよう努めるものとする。

四　連携・協力

1 図書館は，高度化・多様化する利用者及び住民の要望に対応するとともに，利用者及び住民の学習活動を支援する機能の充実を図るため，資料や情報の相互利用などの他の施設・団体等との協力を積極的に推進するよう努めるものとする。
2 図書館は，前項の活動の実施に当たっては，図書館相互の連携のみならず，国立国会図書館，地方公共団体の議会に附置する図書室，学校図書館及び大学図書館等の図書施設，学校，博物館及び公民館等の社会教育施設，関係行政機関並びに民間の調査研究施設及び民間団体等との連携にも努めるものとする。

五　著作権等の権利の保護

図書館は，その運営に当たって，職員や利用者が著作権法（昭和四十五年法律第四十八号）その他の法令に規定する権利を侵害することのないよう努めるものとする。

六　危機管理

1 図書館は，事故，災害その他非常の事態による被害を防止するため，当該図書館の特性を考慮しつつ，想定される事態に係る危機管理に関する手引書の作成，関係機関と連携した危機管理に関する訓練の定期的な実施その他の十分な措置を講じるものとする。
2 図書館は，利用者の安全の確保のため，防災上及び衛生上必要な設備を備えるものとする。

第二　公立図書館

一　市町村立図書館

1 管理運営

（一）基本的運営方針及び事業計画
1 市町村立図書館は，その設置の目的を踏まえ，社会の変化や地域の実情に応じ，当該図書館の事業の実施等に関する基本的な運営の方針（以下「基本的運営方針」という。）を策定し，公表するよう努めるものとする。
2 市町村立図書館は，基本的運営方針を踏まえ，図書館サービスその他図書館の運営に関する適切な指標を選定し，これらに係る目標を設定するとともに，事業年度ごとに，当該事業年度の事業計画を策定し，公表するよう努めるものとする。
3 市町村立図書館は，基本的運営方針並びに前項の指標，目標及び事業計画の策定に当たっては，利用者及び住民の要望並びに社会の要請に十分留意するものとする。

（二）運営の状況に関する点検及び評価等
1 市町村立図書館は，基本的運営方針に基づいた運営がなされることを確保し，その事業の水準の向上を図るため，各年度の図書館サービスその他図書館の運営の状況について，（一）の2の目標及び事業計画の達成状況等に関し自ら点検及び評価を行うよう努めなけ

ればならない。
2 市町村立図書館は，前項の点検及び評価のほか，当該図書館の運営体制の整備の状況に応じ，図書館協議会（法第十四条第一項に規定する図書館協議会をいう。以下同じ。）の活用その他の方法により，学校教育又は社会教育の関係者，家庭教育の向上に資する活動を行う者，図書館の事業に関して学識経験のある者，図書館の利用者，住民その他の関係者・第三者による評価を行うよう努めるものとする。
3 市町村立図書館は，前二項の点検及び評価の結果に基づき，当該図書館の運営の改善を図るため必要な措置を講ずるよう努めなければならない。
4 市町村立図書館は，第一項及び第二項の点検及び評価の結果並びに前項の措置の内容について，インターネットその他の高度情報通信ネットワーク（以下「インターネット等」という。）をはじめとした多様な媒体を活用すること等により，積極的に公表するよう努めなければならない。

(三) 広報活動及び情報公開

　市町村立図書館は，当該図書館に対する住民の理解と関心を高め，利用者の拡大を図るため，広報紙等の定期的な刊行やインターネット等を活用した情報発信等，積極的かつ計画的な広報活動及び情報公開に努めるものとする。

(四) 開館日時等

　市町村立図書館は，利用者及び住民の利用を促進するため，開館日・開館時間の設定に当たっては，地域の実情や利用者及び住民の多様な生活時間等に配慮するものとする。また，移動図書館を運行する場合は，適切な周期による運行等に努めるものとする。

(五) 図書館協議会
1 市町村教育委員会は，図書館協議会を設置し，地域の実情を踏まえ，利用者及び住民の要望を十分に反映した図書館の運営がなされるよう努めるものとする。
2 図書館協議会の委員には，法第十六条の規定により条例で定める委員の任命の基準に従いつつ，地域の実情に応じ，多様な人材の参画を得るよう努めるものとする。

(六) 施設・設備
1 市町村立図書館は，この基準に示す図書館サービスの水準を達成するため，図書館資料の開架・閲覧，保存，視聴覚資料の視聴，情報の検索・レファレンスサービス，集会・展示，事務管理等に必要な施設・設備を確保するよう努めるものとする。
2 市町村立図書館は，高齢者，障害者，乳幼児とその保護者及び外国人その他特に配慮を必要とする者が図書館施設を円滑に利用できるよう，傾斜路や対面朗読室等の施設の整備，拡大読書器等資料の利用に必要な機器の整備，点字及び外国語による表示の充実等に努めるとともに，児童・青少年の利用を促進するため，専用スペースの確保等に努めるものとする。

2 図書館資料

(一) 図書館資料の収集等

1 市町村立図書館は，利用者及び住民の要望，社会の要請並びに地域の実情に十分留意しつつ，図書館資料の収集に関する方針を定め，公表するよう努めるものとする。
 2 市町村立図書館は，前項の方針を踏まえ，充実した図書館サービスを実施する上で必要となる十分な量の図書館資料を計画的に整備するよう努めるものとする。その際，郷土資料及び地方行政資料，新聞の全国紙及び主要な地方紙並びに視聴覚資料等多様な資料の整備にも努めるものとする。また，郷土資料及び地方行政資料の電子化に努めるものとする。
(二) 図書館資料の組織化
　市町村立図書館は，利用者の利便性の向上を図るため，図書館資料の分類，配架，目録・索引の整備等による組織化に十分配慮するとともに，書誌データの整備に努めるものとする。
 3 図書館サービス
(一) 貸出サービス等
　市町村立図書館は，貸出サービスの充実を図るとともに，予約制度や複写サービス等の運用により利用者の多様な資料要求に的確に応えるよう努めるものとする。
(二) 情報サービス
 1 市町村立図書館は，インターネット等や商用データベース等の活用にも留意しつつ，利用者の求めに応じ，資料の提供・紹介及び情報の提示等を行うレファレンスサービスの充実・高度化に努めるものとする。
 2 市町村立図書館は，図書館の利用案内，テーマ別の資料案内，資料検索システムの供用等のサービスの充実に努めるものとする。
 3 市町村立図書館は，利用者がインターネット等の利用により外部の情報にアクセスできる環境の提供，利用者の求めに応じ，求める資料・情報にアクセスできる地域内外の機関等を紹介するレフェラルサービスの実施に努めるものとする。
(三) 地域の課題に対応したサービス
　市町村立図書館は，利用者及び住民の生活や仕事に関する課題や地域の課題の解決に向けた活動を支援するため，利用者及び住民の要望並びに地域の実情を踏まえ，次に掲げる事項その他のサービスの実施に努めるものとする。
　ア　就職・転職，起業，職業能力開発，日常の仕事等に関する資料及び情報の整備・提供
　イ　子育て，教育，若者の自立支援，健康・医療，福祉，法律・司法手続等に関する資料及び情報の整備・提供
　ウ　地方公共団体の政策決定，行政事務の執行・改善及びこれらに関する理解に必要な資料及び情報の整備・提供
(四) 利用者に対応したサービス
　市町村立図書館は，多様な利用者及び住民の利用を促進するため，関係機関・団体と連

携を図りながら，次に掲げる事項その他のサービスの充実に努めるものとする。
　ア　（児童・青少年に対するサービス）　児童・青少年用図書の整備・提供，児童・青少年の読書活動を促進するための読み聞かせ等の実施，その保護者等を対象とした講座・展示会の実施，学校等の教育施設等との連携
　イ　（高齢者に対するサービス）　大活字本，録音資料等の整備・提供，図書館利用の際の介助，図書館資料等の代読サービスの実施
　ウ　（障害者に対するサービス）　点字資料，大活字本，録音資料，手話や字幕入りの映像資料等の整備・提供，手話・筆談等によるコミュニケーションの確保，図書館利用の際の介助，図書館資料等の代読サービスの実施
　エ　（乳幼児とその保護者に対するサービス）　乳幼児向けの図書及び関連する資料・情報の整備・提供，読み聞かせの支援，講座・展示会の実施，託児サービスの実施
　オ　（外国人等に対するサービス）　外国語による利用案内の作成・頒布，外国語資料や各国事情に関する資料の整備・提供
　カ　（図書館への来館が困難な者に対するサービス）　宅配サービスの実施
（五）多様な学習機会の提供
1　市町村立図書館は，利用者及び住民の自主的・自発的な学習活動を支援するため，講座，相談会，資料展示会等を主催し，又は関係行政機関，学校，他の社会教育施設，民間の関係団体等と共催して多様な学習機会の提供に努めるとともに，学習活動のための施設・設備の供用，資料の提供等を通じ，その活動環境の整備に努めるものとする。
2　市町村立図書館は，利用者及び住民の情報活用能力の向上を支援するため，必要な学習機会の提供に努めるものとする。
（六）ボランティア活動等の促進
1　市町村立図書館は，図書館におけるボランティア活動が，住民等が学習の成果を活用する場であるとともに，図書館サービスの充実にも資するものであることにかんがみ，読み聞かせ，代読サービス等の多様なボランティア活動等の機会や場所を提供するよう努めるものとする。
2　市町村立図書館は，前項の活動への参加を希望する者に対し，当該活動の機会や場所に関する情報の提供や当該活動を円滑に行うための研修等を実施するよう努めるものとする。
4　職員
（一）職員の配置等
1　市町村教育委員会は，市町村立図書館の館長として，その職責にかんがみ，図書館サービスその他の図書館の運営及び行政に必要な知識・経験とともに，司書となる資格を有する者を任命することが望ましい。
2　市町村教育委員会は，市町村立図書館が専門的なサービスを実施するために必要な数の司書及び司書補を確保するよう，その積極的な採用及び処遇改善に努めるとともに，こ

れら職員の職務の重要性にかんがみ，その資質・能力の向上を図る観点から，第一の四の２に規定する関係機関等との計画的な人事交流（複数の市町村又は都道府県の機関等との広域的な人事交流を含む。）に努めるものとする。
3 市町村立図書館には，前項の司書及び司書補のほか，必要な数の職員を置くものとする。
4 市町村立図書館は，専門的分野に係る図書館サービスの充実を図るため，必要に応じ，外部の専門的知識・技術を有する者の協力を得るよう努めるものとする。

（二）職員の研修
1 市町村立図書館は，司書及び司書補その他の職員の資質・能力の向上を図るため，情報化・国際化の進展等に留意しつつ，これらの職員に対する継続的・計画的な研修の実施等に努めるものとする。
2 市町村教育委員会は，市町村立図書館の館長その他の職員の資質・能力の向上を図るため，各種研修機会の拡充に努めるとともに，文部科学大臣及び都道府県教育委員会等が主催する研修その他必要な研修にこれら職員を参加させるよう努めるものとする。

二　都道府県立図書館
1 域内の図書館への支援
1 都道府県立図書館は，次に掲げる事項について，当該都道府県内の図書館の求めに応じて，それらの図書館への支援に努めるものとする。
　ア　資料の紹介，提供に関すること
　イ　情報サービスに関すること
　ウ　図書館資料の保存に関すること
　エ　郷土資料及び地方行政資料の電子化に関すること
　オ　図書館の職員の研修に関すること
　カ　その他図書館運営に関すること
2 都道府県立図書館は，当該都道府県内の図書館の状況に応じ，それらの図書館との間における情報通信技術を活用した情報の円滑な流通や，それらの図書館への資料の貸出のための円滑な搬送の確保に努めるものとする。
3 都道府県立図書館は，当該都道府県内の図書館の相互協力の促進等に資するため，当該都道府県内の図書館で構成する団体等を活用して，図書館間の連絡調整の推進に努めるものとする。

2 施設・設備
　　都道府県立図書館は，第二の二の６により準用する第二の一の１の（六）に定める施設・設備のほか，次に掲げる機能に必要な施設・設備の確保に努めるものとする。
　ア　研修
　イ　調査研究
　ウ　市町村立図書館の求めに応じた資料保存等
3 調査研究

都道府県立図書館は，図書館サービスを効果的・効率的に行うための調査研究に努めるものとする。その際，特に，図書館に対する利用者及び住民の要望，図書館運営にかかわる地域の諸条件，利用者及び住民の利用促進に向けた新たなサービス等に関する調査研究に努めるものとする。

4 図書館資料
　都道府県立図書館は，第二の二の6により準用する第二の一の2に定める事項のほか，次に掲げる事項の実施に努めるものとする。
　ア　市町村立図書館等の要求に十分に応えるための資料の整備
　イ　高度化・多様化する図書館サービスへの要請に対応するための，郷土資料その他の特定分野に関する資料の目録・索引等の整備及び配布

5 職員
1　都道府県教育委員会は，都道府県立図書館において第二の二の6により準用する第二の一の4の（一）に定める職員のほか，第二の二の1，3及び4に掲げる機能を果たすために必要な職員を確保するよう努めるものとする。
2　都道府県教育委員会は，当該都道府県内の図書館の職員の資質・能力の向上を図るため，それらの職員を対象に，必要な研修を行うよう努めるものとする。

6 準用
　第二の一に定める市町村立図書館に係る基準は，都道府県立図書館に準用する。

引用・参考文献

序章
末本　誠・松田武雄『生涯学習と地域社会教育』春風社，2004年，p.3
清成忠男・森戸哲・猪爪範子・斉藤睦　『地域の文化を考える』日本経済評論社，1985年
平塚市博物館『わた博―平塚市博物館30年記念誌―』平塚市博物館，2006年

第1章
ポール・ラングラン著，波多野完治訳『生涯教育入門』全日本社会教育連合会，1980年，p.19
藤田英雄『ユネスコ学習権宣言と基本的人権』教育史料出版会，2001年，p.11
社会教育推進全国協議会編『社会教育・生涯学習ハンドブック第8版』エイデル研究所，2011年
日本公民館学会『公民館・コミュニティ施設ハンドブック』エイデル研究所，2006年，p.65

第2章
大串夏身『挑戦する図書館』青弓社，2015年，p.77

第3章
今野喜清・新井郁男・児島邦宏編『学校教育辞典　第3版』教育出版，2014年，p.757，p.767

第5章
北名古屋市歴史民俗資料館『博物館資料の資源化　研究紀要Ⅰ』2007年，pp.6-7

第7章
前平泰志監修．渡邊洋子編著『生涯学習論』ミネルヴァ書房，p.143

第8章
浜口哲一『生きもの地図をつくろう』岩波ジュニア新書，2008年
ウイリアム・カムクワンバほか著，田中俊樹訳『風をつかまえた少年』文藝春秋社，2010年

第9章
持田栄一・森隆夫・諸岡和房編『生涯教育事典』ぎょうせい，1979年

第10章
前平泰志監修．渡邊洋子編著『生涯学習論』ミネルヴァ書房，2014年，p.121

終章
教育科学研究会編『なぜフィンランドの子どもたちは「学力」が高いか』国土社，2006年，p.38
福田誠治『フィンランドは教師の育て方がすごい』亜紀書房，2009年
福田誠治『競争やめたら学力世界一』朝日新聞社，2006年
原田安啓「フィンランドの公共図書館―PISA学力調査世界一を支える図書館と教育制度―」『奈良大学紀要』第37号，2008年，p.24
水谷長志編著『MLA連携の現状・課題・将来』勉誠出版，2010年

索　引

あ

伊藤寿朗　27
置戸町　58
置戸町立図書館　8
音楽文化の振興のための学習環境の整備等に関する法律　71

か

回想法　63
学習権宣言　17
北名古屋市（愛知県）　63
「急激な社会構造の変化に対処する社会教育のあり方について」（答申）　17-18
教育委員会　44-46
教育基本法　73
国立（くにたち）公民館　29
公民館運営審議会の委員　115
公民館三階建構想　29-31
子どもの読書活動の推進に関する法律　71

さ

視聴覚センター　108
『市民の図書館』　58
社会教育委員　115
社会教育関係団体　112
社会教育センター　108
社会教育法第20条　99
社会教育法第20条の2　29
生涯学習審議会の委員　116
生涯学習の振興のための施策の推進体制等の整備に関する法律　70
少年自然の家　107
青少年交流の家（青年の家）　107
成人学習に関するハンブルク宣言　17
袖ケ浦市（千葉県）　46, 49
袖ケ浦市郷土博物館　49

た

地域青年団　57
地方教育行政の組織及び運営に関する法律　75
地方自治法　69
『中小都市における公共図書館の運営』　10, 58
図書館協議会の委員　115
図書館法第2条　100
図書館法第3条　9, 39

な

日本国憲法　67

は

博物館協議会の委員　115
博物館法第2条　105
博物館法第3条　88, 105
浜口哲一　27
バリアフリー化　12
平塚市博物館　27, 37
婦人教育施設　107
ブックスタート　36
プライバシーの保護　13
放課後博物館　27
ホスピタリティー　12

ま

MLKA連携　126
文字・活字文化振興法　72

や

山本作兵衛　25

ら

ラングラン，P．　16
レファレンスサービス　81

監　修

大串　夏身　（昭和女子大学特任教授）
金沢　みどり（東洋英和女学院大学教授）

著　者

渡部　幹雄（わたなべ　みきお）
和歌山大学教授・附属図書館長
専門分野：図書館経営・社会教育施設全般
関心領域：社会教育施設の連携・まちづくり（MLKA）
主な著作
『図書館を遊ぶ』新評論，2005 年
『地域と図書館』慧文社，2006 年

［ライブラリー　図書館情報学1］
生涯学習概論

2016年1月20日　第1版第1刷発行

　　　　　　　　　　　　　　　　　　監　修　大串　夏身
　　　　　　　　　　　　　　　　　　　　　　金沢　みどり

　　　　　　　　　　　　　　　　　　著　者　渡部　幹雄

発行者　田中　千津子　　〒153-0064　東京都目黒区下目黒3-6-1
　　　　　　　　　　　　電話　03（3715）1501 代
発行所　株式会社 学文社　FAX　03（3715）2012
　　　　　　　　　　　　http://www.gakubunsha.com

Ⓒ2016　WATANABE Mikio　Printed in Japan　　　印刷　新灯印刷
乱丁・落丁の場合は本社でお取替えします。
定価は売上カード，カバーに表示。

ISBN 978-4-7620-2578-5